WIESBADEN

Hinterhof und Kurkonzert

Eine illustrierte Alltagsgeschichte von 1800 bis heute

Herausgegeben von Gerhard Honekamp

Eine Publikation der Wiesbadener Geschichtswerkstatt e.V.

Wartberg Verlag

Autorinnen und Autoren: Dr. Imbke Behnken, Erziehungswissenschaftlerin; Lothar Bembenek, Lehrer;
Edgar Brück, Industriedesigner; Dr. Horst Dickel, Historiker u. Lehrer; Dr. Volker Eichler, Archivar;
Rolf Engelke, M. A., Historiker; Volker Fabricius, Lehrer; Dr. Burkhard Fuhs, Erziehungswissenschaftler u. Volkskundler;
Dr. Wolfgang Jung, Germanist u. Journalist; Klaus Kopp, Ass., Jurist; Dr. Bernhard Parisius, Archivar; Dr. Horst Steffens, Historiker;
Thomas Weichel, M.A., Historiker; Dr. Hartmann Wunderer, Lehrer u. Historiker.

1. Auflage 1996

Druck: Bernecker, Melsungen
Buchbinderische Verarbeitung: Hollmann, Darmstadt

34281 Gudensberg-Gleichen, Im Wiesental 1, Tel. 05603 / 4451 u. 2030
ISBN 3-86134-350-9

Inhalt

Wiesbaden in der Weimarer Republik und im Nationalsozialismus

Wiesbaden nach 1945

Vorwort

Alteingesessene Badewirte stellen Konkurrenten Wasser ab; Bäckergesellen weigern sich, 18 Stunden täglich für Hungerlöhne zu schuften; Rheinurlauber beschweren sich über die braune Brühe; Kurgäste flanieren scheinbar entspannt, aber ängstlich bemüht, die Etikette einzuhalten; klassenbewußte Volksschüler bombardieren Gymnasiasten mit Wasserflaschen; Gewerkschafter malen aus einem Gebräu von Fischsud und gelöschtem Kalk Anti-Nazi Parolen an Hauswände, sie hielten bis heute jeder Übertünchung stand.
Während der mondäne Glamour Wiesbadens, erst seit dem 19. Jahrhundert Verwaltungsmittelpunkt und Kurmetropole, den Hauptteil von herkömmlichen Bildbänden und historischen Überblicksdarstellungen einnimmt, wird hier der Blick gelenkt auf den bunten Mikrokosmos hinter den glänzenden Fassaden, auf den Alltag der Dienstboten und Handwerker, die Lebenswelt der Industriearbeiter in den Vororten, die Kontraste und Konflikte zwischen Angehörigen verschiedener Milieus.
Die Wiesbadener Geschichtswerkstatt beschäftigt sich gerade mit diesen verborgenen Aspekten der Stadtgeschichte. Ihr geht es nicht um die scheinbar heile Welt der „guten alten Zeit". Mit historischen Schlaglichtern aus verschiedenen Epochen und Lebenswelten in Text und Bild versuchen die Autorinnen und Autoren, anstelle vertrauter, oft vordergründiger Stadtansichten, dem Leser und Betrachter den Alltag der Großen und Kleinen nahezubringen und anschaulich zu machen.

Das Buch gliedert sich in vier Kapitel:
1. Wiesbaden als nassauische Residenzstadt (1806-1866)
In diesem Zeitabschnitt entwickelte sich Wiesbaden von einem 2000-3000 Einwohner zählenden, verschlafenen Ackerbürgerstädtchen zu einer modernen Kurstadt. Dieser Aufschwung hatte aber auch Schattenseiten; soziale Umstrukturierungen brachten Zuwanderern aus dem Umland Arbeit und Brot, kärgliche Lebensumstände und Wohnungselend entluden sich aber auch in widerständigen Aktionen wie z. B. dem „Wiesbadener Brotkrawall". Traditionelle Berufe verschwanden, Gewaltaktionen gegen den technischen „Fortschritt" erwiesen sich als vergeblich. Neue Industrien am Rande der Kurstadt konfrontierten die Anwohner mit bisher nicht gekannten Umweltbelästigungen, gegen die die ersten Bürgerinitiativen Front machten.

2. Wiesbaden im Kaiserreich (1871-1918)
Das Kaiserreich markierte eine neue Phase in Wiesbadens Entwicklung. Besonders in der Regierungszeit Wilhelms II., der die Stadt regelmäßig besuchte, wurde Wiesbaden als „Weltkurstadt" zum Eldorado der europäischen Aristokratie und zum bevorzugten Ruhesitz reicher Rentiers aus ganz Deutschland. Neben dieser mondänen Welt entwickelte sich parallel die Kultur der kleinen Leute, der Arbeiter und Dienstboten mit ihren eigenen Vereinen, Geselligkeiten und Vergnügungen.

3. Wiesbaden in der Weimarer Republik und im Nationalsozialismus (1918-1945)
Der Erste Weltkrieg und die Niederlage des Deutschen Reiches veränderte die Lage Wiesbadens schlagartig. Die Wirtschaftskraft, die auf Kur, Aristokraten und Rentiers aufbaute, erlitt starke Verluste. Nach Besatzungszeit und separatistischen Putschversuchen verunsicherten die Zwanziger Jahre mit ihrem kulturellem Wandel und ihren politischen Auseinandersetzungen die Bevölkerung, setzten aber auch ein neues Lebensgefühl frei. Der Nationalsozialismus erlangte in der Stadt ziemlich früh eine starke Position und provozierte Konflikte im kulturellen Leben und mit der organisierten Arbeiterschaft. Nach der „Machtergreifung" zeigten sich in Wiesbaden die gleichen Merkmale der Gewaltherrschaft wie überall in Deutschland: Gleichschaltung, Verfolgung, Inhaftierung, aber auch Zivilcourage und Widerstand.

4. Wiesbaden nach 1945
Nach der teilweisen Zerstörung der Stadt im Februar 1945 und dem Einmarsch der Amerikaner wurde Wiesbaden hessische Landeshauptstadt. Neue Behörden und Verbände wurden angesiedelt und prägen seither das Bild der Stadt und seine Sozialstruktur. Die Stadtplanungseuphorie der Sechziger Jahre bescherte Wiesbaden neue Großsiedlungen, die sich nicht selten bald als soziale Brennpunkte entpuppten. Viele Horrorprojekte einer „schönen, neuen Welt" konnten aber durch den Protest der Bürger verhindert werden.

Die Beiträge zeichnen sich durch variierende Zugangsweisen zu ihren Themen aus; mal stehen Personen, mal Orte, dann wieder soziale Milieus im Vordergrund. Sie berücksichtigen eine Vielfalt von Aspekten aus der Alltags-, Mentalitäts-, Sozial-, Kultur- und Umweltgeschichte und beruhen durchweg auf Recherchen „vor Ort". Einige Abschnitte basieren auf den großformatigen Bild- und Lesekalendern „Wiesbadener Abrisse" der Jahre 1988, 1990, 1992, die schnell vergriffen waren.
Die Autorinnen und Autoren arbeiten überwiegend als Historiker oder Lehrer und beschäftigen sich seit langem mit Aspekten der Geschichte Wiesbadens und der Region.
Gedankt sei Hartmann Wunderer für die kritische Durchsicht des Manuskripts, Ursula Paul für die Mithilfe bei der Bildredaktion und allen die Materialien für dieses Buch zur Verfügung gestellt haben.

Gerhard Honekamp

Wiesbaden als nassauische Residenzstadt

Ansicht von Wiesbaden um 1817
(Kupferstich von F.G. Reinheimer nach einer Zeichnung von U.M. Reinheimer)

Thomas Weichel

„Lieber todt als so gequält“ Aus dem Tagebuch des Friedrich Ludwig Burk

Der Wiesbadener Bauer und Fuhrmann Friedrich Ludwig Burk lebte von 1787-1866. Er war einer wie Tausend, allerdings einer, der sein Leben in einer Kladde niederschrieb, die die Zeit überdauert hat: drei, manchmal zehn Seiten für ein Jahr; 200 Seiten für ein Leben. Zwanzig Jahre alt war Burk, als er 1807 seine Aufzeichnungen begann. Dem Haus und dem Hof stand die Mutter vor, der Vater lebte bereits seit 14 Jahren nicht mehr. Wiesbaden war gerade Hauptstadt des neuen Herzogtums Nassau geworden, ein kleiner überschaubarer Ort von etwa 2500 Einwohnern. „Wenn die Wiesbadener Bauern auf dem Feld sind, ist kein Bürger mehr in der Stadt“ - so lautete ein altes Sprichwort. Der Kurbetrieb und die anwachsende Beamtenschaft des nassauischen Kleinstaates belebten zwar die Stadt, hoben aber noch nicht ihre landwirtschaftliche Prägung auf. Sechs Dekaden später, als Burk 1866 mit zittrigen Händen die letzten Einträge niederschrieb, schmückte sich Wiesbaden bereits mit dem Titel „Weltkurstadt“: Mit 26.000 Einwohnern hatte sich die Bevölkerungszahl mittlerweile verzehnfacht. Das Ende Nassaus und seine Annexion durch Preußen infolge des österreichisch-preußischen Krieges standen kurz bevor.

Wiesbadener in Spanien

Krieg prägt auch die Aufzeichnungen Burks zwischen 1807 und 1815. Am Anfang steht die Erhebung des spanischen Volkes gegen Napoleon - weit weg von Wiesbaden und doch beklemmend nah. Denn Nassau war als Mitglied des Rheinbundes verpflichtet, dem französischen Herrscher Soldaten zu stellen. Der Großteil der nassauischen Truppen stand nach 1808 in Spanien und führte einen blutigen Kampf gegen die „Guerilla“: „Es kommen viele verkrüppelte Soldaten aus Spanien“, so Burk im März 1811. Der Wiesbadener Rat und die Bürgerschaft wehrten sich erbittert gegen den Militärdienst, denn ein altes Privileg befreite sie von dieser Pflicht. Es wurde aber nicht mehr anerkannt, auch Wiesbadener Bürger mußten zur Musterung. Unserem Burk blieb der Fußmarsch nach Spanien erspart: „Am 16ten Decb. [1808] [ist] es so weit gekommen, daß sich die bursche hiesiger Stadt mußten messen lassen, und da habe ich mir einen Attestat von H[errn] Hofrath Lehr wegen meiner Brust geben lassen.“

Die Aufhebung der Militärfreiheit für die Wiesbadener Bürger war nur ein Element der Reform des gesamten nassauischen Staatswesens. In dieser Zeit des Umbruchs wurden die Grundlagen für eine „moderne“ Staatsverwaltung gelegt. Nassau orientierte sich dabei, wie die anderen „Rheinbundstaaten“ auch, an dem verbündeten Frankreich. Auf vielen Gebieten wurden überkommene Gewohnheitsrechte und alte Privilegien durch neue Verordnungen abgelöst. Ein Vorgang, der tief in die Alltagswelt eingriff: Das Holz des Gemeindewaldes wurde nicht mehr preisgünstig unter den Bürgern verteilt, sondern mußte zum „Marktpreis“ erworben werden. Die Steuern wurden landesweit einheitlich geregelt und dabei zur Deckung der gestiegenen Ausgaben für Militär und Bürokratie erhöht.

In den Dörfern der Umgebung regte sich Widerstand gegen die Steuerreform, die der Staat mit starker Hand durchsetzte. „28ten May. [1809]. Die Ortschaften Bierstadt und Erbenheim werden hart exuquiert [zwangsvollstreckt], weil sie die neue Steuer nicht annehmen wollen. Juni den 4ten, Morgens bey Tagesanbruch sind 5 Bürger von Bierstadt wegen dem Wiedersprechen gegen die neue Steuer hir her in das Criminal[gefängnis] gesezt worden.“

Die Stadttore, die die Stadt so lange geschützt und abgeschlossen hatten, wurden abgerissen, die Stadtmauer zur Anlage neuer Straßen durchbrochen. Während in der Nerostraße, der ältesten Straße des heutigen Bergkirchenviertels, überwiegend kleine Leute ihre Häuser bauten, sollten die Luisenstraße mit ihren großzügigeren Häusern für die Landesbeamten und der neue Kurschwerpunkt mit Wilhelmstraße und Kurhaus Wiesbaden zu einer würdigen Landeshauptstadt werden lassen. Die Familie Burk profitierte von den staatlichen Ambitionen, verkaufte Grundstücke, die zu Bauland geworden waren. Friedrich Ludwig, der neben der Feldarbeit Fuhren erledigte, hatte durch die ständigen Neubauten wie viele andere vermehrt Arbeit.

Russen in Wiesbaden

Doch 1812 rückte der Krieg näher. Französische Truppen passierten die Stadt auf dem Weg nach Rußland; nach dem Fiasko der napoleonischen Armee im russischen Winter mußte Nassau tausende Verwundete aufnehmen und verpflegen. Dies war aber nichts gegen die Einquartierungen, die im Herbst 1813 anstanden, als die Truppen der Verbündeten Preußen, Österreich und Rußland die französische Armee über den Rhein zurückdrängten und Nassau veranlaßten, auf ihre Seite zu treten. Wiesbaden wurde überschwemmt von tausenden von Soldaten, insbesondere russischen Kosaken. Die Stadt und ihre Umgebung waren ein einziges Heerlager. Die Bürgerschaft mußte riesige Mengen an Brot, Heu, Vieh und Branntwein liefern.

Als die Truppen länger blieben und nicht mehr ausreichend versorgt wurden, plünderten sie die Dörfer der Umgebung aus. Unbeschreibliches offenbarte sich Burk in den Lagerstätten der Soldaten: „todte und halbtodte Pferde lagen da Das Gedärm, die zerschnittene Häute von dem geschlachteten Vieh, Krüge, Botellien, allerley Töpfe mit Butter, Käse, Ladwerge ..., welches al-

Das Lager der Franzosen bei Höchst um 1795

Die Kosaken in Wiesbaden 1813-1814 (Zeichnung von Ph. Vigelius in einer Abzeichnung von Ippel)

les sie von den Ortschaften holten". Nach den Kosaken waren es preußische Soldaten, 24 Mann, die in dem Burkschen Gehöft in der Langgasse einquartiert wurden. Unter Menschen und Tieren breiteten sich Seuchen aus. „Den 19ten [Dezember 1813]. Ich habe nun in 8 Tagen meine Kleider noch nicht aus gethan, bin auch in kein Bett gekommen wegen den großen Unruhen". Anfang Januar wurde es noch schlimmer, als russische Dragoner bei der Familie einquartiert wurden und sie den ganzen Monat drangsalierten. „Lieber todt als so gequält" lautete das harte Urteil von Friedrich Ludwig über diese Zeit des nationalen Aufbruchs und der „Befreiungskriege".

Thomas Weichel

Eine neue Stadt auf altem Boden. Christian Zais - Der Reformer des Wiesbadener Stadtbildes

Der Architekt des Klassizismus Christian Zais (1770-1820) wird in Wiesbaden seit einem Jahrhundert gefeiert und geehrt. Nicht nur zahlreiche bedeutende Bauten gehören zu seinem Lebenswerk, auch der gesamtplanerische Entwurf der heutigen Innenstadt Wiesbadens, das „historische Fünfeck", geht auf ihn zurück. Seine vielleicht wichtigsten Bauten, die weithin Aufsehen erregten und einen Anziehungspunkt darstellten, stehen nicht mehr: An das Kurhaus legten die Wiesbadener in der wilhelminischen Ära selbst die Spitzhacke an und das Hotel „Vier Jahreszeiten" wurde im Februar 1945 von alliierten Bombern in Schutt und Asche gelegt.
Im Mai 1993 wurde Zais in dem von ihm errichteten „Erbprinzenpalais" - heute Sitz der Wiesbadener Industrie- und Handelskammer - mit einer Ausstellung geehrt. Die Wiesbadener Bürger seiner Zeit waren dagegen weit davon entfernt, ihm Ehrungen zuteil werden zu lassen. Vielmehr war Zais in der Bürgerschaft so verhaßt, daß man 1820 sogar seinem Leichenzug eine „Polizei-Bedekkung" beigab, um Ausschreitungen zu verhindern. Dem bedrückenden Ende war eine durchaus hoffnungsvolle Karriere vorausgegangen. Zais studierte nach einer Steinmetzlehre vier Jahre Architektur an der Stuttgarter Karlsschule. Nach einigen Gelegenheitsarbeiten erfolgte dann 1805 seine Berufung als Bauinspektor nach Nassau, sicher begünstigt durch den nassauischen Staatsminister Marschall von Bieberstein, der wie Zais Württemberger und Karlsschüler war.

Vom Ackerbürgerstädtchen zur Hauptstadt

Zais fand 1805 bei seiner Ankunft in Wiesbaden eine Stadt vor, die noch wenig mit der späteren eleganten Kurstadt gemein hatte. Zwar beruhte das Kurwesen auf mittelalterlichen, ja römischen Traditionen, doch war die Stadt alles andere als mondän. Wiesbaden war eine Landstadt mit etwa 3000 Einwohnern, in der neben dem Kurgewerbe vor allem die Landwirtschaft dominierte. Wilhelm Heinrich Riehl kolportierte dazu das alte Sprichwort: „Wenn die Wiesbadener Bauern auf dem Feld sind, ist kein Bürger in der Stadt".
Aber die territorialen Veränderungen in den beiden ersten Jahrzehnten des 19. Jahrhunderts begünstigten die kleine Stadt: Wiesbaden wurde bereits seit 1805 „Verwaltungzentrum" des nassauischen Staates. Dynastische Erbschaftsverträge, der Reichsdeputationshauptschluß, die napoleonischen Kriege und der Wiener Kongreß führten zwischen 1803 und 1816 dazu, daß die Bevölkerungszahl des „Hinterlandes" von Wiesbaden von 30.000 auf fast 300.000 Einwohner anstieg. Doch konnte die Hauptstadt Wiesbaden, in deren Mauern bislang nur wenige Beamte ihren Dienst getan hatten, keinem Vergleich mit den süddeutschen Residenzen standhalten. Der Ausbau der Stadt wurde zur „Chefsache" des in seiner Biebricher Residenz lebenden Fürsten, der sich dabei über alle alten Rechte der Stadt und ihrer Bürger hinwegsetzte.
Eine der ersten Maßnahmen war der Bau eines Kurhauses, mit dessen Planung und Errichtung Zais beauftragt wurde. In der Zeit äußerst knapper öffentlicher Mittel verfiel man auf die Idee, das Kurhaus durch privates Kapital zu finanzieren. Die angebotenen Aktien fanden aber kaum Interessenten, insbesondere kaufte kein Wiesbadener Bürger eine Aktie, die meisten übernahm schließlich das Herrscherhaus.

Christian Zais (1770-1820) (Federzeichnung von H. Bernhard Hundeshagen, 1816)

Ein Kurhaus „auf der Wiese"

Diese Zurückhaltung überrascht nicht, schaut man sich die Zais'schen Planungen genauer an. Zais errichtete 1808 bis 1811 das Kurhaus „auf der Wiese" und im weiten Abstand vom bisherigen Kurzentrum rund um den Kranzplatz. Die als schmutzig empfundene Altstadt wurde zusätzlich noch durch die Anlage einer breiten Querstraße, der heutigen Wilhelmstraße, abgetrennt.
Auf die Interessen der Bade- und Gastwirte wurde damit wenig Rücksicht genommen. Sie hatten lange Zeit die einflußreichsten Mitglieder des

Ansicht des „Kur-Gesellschafts-Gebäudes zu Wiesbaden" (Federzeichnung von H. Bernhard Hundeshagen, 1816)

Wiesbadener Stadtrates gestellt und waren im 18. Jahrhundert den Machtansprüchen des Fürsten von Nassau und Usingen selbstbewußt entgegengetreten. Doch jetzt, mit der Vergrößerung des Staates und dem Ausbau der Staatsverwaltung war der Herzog in der Lage, sich gegen den Stadtrat durchzusetzen. Diesem blieb, stets auf die „Alten Rechte" pochend, nur noch eine hilflose Obstruktionspolitik.

Die Zurückhaltung der Wiesbadener Bürger gegenüber dem Kurhausbau war also politischer Natur und erstreckte sich auch auf die Pläne zur Stadterweiterung. Doch behinderte der Widerstand der Wiesbadener den Ausbau der Stadt nicht. Zais begann 1813 mit dem Bau des „Erbprinzenpalais". 1818 entwickelte er nach mehreren Zwischenphasen, an denen auch andere Wiesbadener Baumeister beteiligt waren, einen Generalbebauungsplan für Wiesbaden. Sein Vorhaben, den alten Stadtkern mit neuen Straßenzügen in Form eines Fünfeckes einzuschließen, bestimmte die bauliche Entwicklung der Stadt.

Zais handelte aber nicht nur als Staatsbediensteter, sondern verband mit der Stadtplanung auch persönliche Interessen. Er hatte bereits 1812 als Umgebung des Kurhauses die Anlage eines großen Badehauses in der Wilhelmstraße vorgesehen. 1816 bekundete er seine Absicht, dort selbst ein Badhaus errichten, „das durch seine innere Einrichtung, schöneren Geschmack, Größe, Nebengebäude und Gärten alle Wünsche erfüllen soll, welche Personen von Rang und Reichthum zu hegen pflegen."

Seine ersten, wahrhaft gigantischen Pläne für das Badehaus konnte Zais nicht verwirklichen, da die nassauische Ständeversammlung die staatlichen Zuschüsse für die Neubauten in Wiesbaden weitgehend aufhob. Der dann 1818 bis 1821 realisierte Bau hatte immerhin noch 140 Zimmer und 43 Bäder, sollte aber lediglich 100.000 Gulden kosten. Doch überschritt Zais wie bei allen seinen Bauten den Kostenrahmen bei weitem. Sieben Jahre nach Fertigstellung der „Vier Jahreszeiten" hatte die Familie Zais noch Schulden in Höhe von 211.400 Gulden.

Widerstand der Badewirte

Der Bau der „Vier Jahreszeiten" genoß die Protektion von Regierung und Herzog, schließlich paßte ein derart prächtiges Gebäude, das auch als Herberge für die erlauchtesten Fürsten geeignet war, hervorragend in das Konzept einer repräsentativen Landeshauptstadt. Um so erbitterter war der Widerstand der Wiesbadener Badewirte, wie auch erheblicher Teile der Bürgerschaft, insbesondere als Zais nach einer eigenen Quelle Ausschau hielt. Den Badewirten war jedes Mittel recht, Zais an der Nutzung des Wiesbadener Heil-

Der Hauptsaal des Zais'schen Kurhauses (Lithographie, um 1843)

wassers zu hindern. Er verstieß nämlich gegen eine althergebrachte Konvention, die die Grabungen nach neuen Quellen nur unter bestimmten Bedingungen zuließ, um die Ergiebigkeit der bisher erschlossenen Quellen nicht zu gefährden. Als Zais 1818 die kaum genutzte „Schlachthausquelle" seinem Badhaus zuführen wollte, wurden durch „die städtischen Vorsteher in der Nacht vom 13ten auf den 14ten August die bisherigen Fassungen und Leitungen des warmen Wassers am Schlachthause bei Licht und großem Zusammenlauf des Volkes zerstört". Zais konnte sich nicht mehr der Brunnenanlage nähern, ohne durch „unanständige Reden inkommodiert zu werden".

Die Aktionen gegen Zais erreichten ihren Höhepunkt, als dieser 1820 kurz vor der Fertigstellung seines Badehauses endlich eine neue Quelle auf einem fremden Grundstück entdeckte. Die Badewirte verlangten die sofortige Beendigung der Einfassungsarbeiten, letztlich beanspruchten sie, jeden Dritten von der Benutzung des Badewassers ausschließen zu können. Sie drohten sogar mit offener Gewalt, „wollten nach dem Recht des Stärkeren ihren Besitzstand sichern". Das Dillenburger Hofgericht, angerufen von den Wiesbadener Badewirten, verwehrte Zais den Zugang zu dem Grundstück, auf dem er die Quelle gefunden hatte. Zais erkrankte währenddessen schwer, der Konflikt verschärfte sich immer weiter.

Die Badewirte manipulierten ihre eigenen Quellen derart, daß sie zu versiegen schienen, und machten die Quellgrabungen von Zais für den „Wasserverlust" ihrer Heilquellen verantwortlich. Es setzte ein Aufruhr ein, dessen Einzelheiten nicht überliefert sind, der aber mit der Zerstörung der von Zais unternommenen Kanalarbeiten endete und die Familie in Gefahr brachte. Fünf Tage später starb Christian Zais, der von den letztgenannten Attacken gegen seine Person und sein Badehaus aber wohl nichts mehr erfahren hatte. Seinem Leichenzug unter „Polizei-Bedeckung" folgten nur wenige Personen.

Nach der Schließung des Kirchhofes an der Heidenmauer wurde sein Leichnam auf den 1832 eröffneten Friedhof an der Platter Straße überführt. Dort ist heute zwar nicht mehr das Grab, aber, in der Mauer neben dem Eingang, die Grabplatte zu finden.

Die Inschrift erschließt sich nur dem, der die Todesumstände von Wiesbadens bekanntestem Baumeister kennt:

> „Als Mensch als Gatte,
> Vater, Freund
> ist unersetzlich er
> den seinen; und
> hinterlies er einen
> Feind der Geh
> vorbei und lass
> uns weinen"

Als im November 1820 die Manipulationen der Badewirte an den Quellen durch ein Gutachten offengelegt wurden, stand dank herzoglicher Unterstützung der Zuleitung der von Zais entdeckten Heilquelle und der Eröffnung des „Vier Jahreszeiten" nichts mehr entgegen.

Zais hatte mit seinen Aktivitäten großen Anteil an dem Ausbau Wiesbadens zur Kurstadt. Die Gegensätze zwischen ihm und der Bürgerschaft waren nicht nur wegen der konträren wirtschaftlichen Interessenlage scharf, es war auch ein Konflikt zwischen den Vertretern des „alten" Rechts und dem modernen, „rationalistischen" Prinzip, das Zais als klassizistischer Baumeister und Schüler der Karlsschule zu verwirklichen suchte. Weil er wie die Staatsreformer seiner Zeit an die Überlegenheit des rationalistischen Prinzips glaubte, waren für ihn alte Rechte und Vorstellungen ohne Wert. Dabei unterschätzte er, wie andere Reformer, auf tragische Weise die Beharrungskräfte des Alten.

Edgar Brück und Hartmann Wunderer

Das Jagdschloß Platte - Symbol bedrohter fürstlicher Autorität?

Das Jagdschloß Platte (Postkarte, um 1900)

Bis zu seiner Zerstörung durch englische Bomber am 2. Februar 1945 stellte das Jagdschloß Platte ein architektonisches Juwel dar. Seine räumliche Nähe zu FLAK-Stellungen wurde ihm zum Verhängnis. Das Schloß gilt als herausragendes Beispiel klassizistisch-biedermeierlicher Kultur.

Der Baurat Friedrich Ludwig Schrumpf hat in rascher Folge insgesamt sechs Entwürfe für den Bau des Jagdschlosses entwickelt. Vergleicht man diese Entwürfe, so kann man einen phasenweisen Übergang erkennen: Der erste lehnt sich noch stark an den herkömmlichen langgestreckten U-förmigen Grundriß an, der auch dem Biebricher Schloß zugrunde liegt; die nächsten sind (bei jeweils gleichbleibenden Raumprogramm) durch eine zunehmende 'Verdichtung' gekennzeichnet, der letzte und ausgeführte Entwurf hat einen völlig achsensymmetrischen quadratischen Grundriß. Die beim ersten Entwurf noch dem Hauptgebäude vorgelagerte Rotunde wandert genau in das Zentrum des Gebäudes, sie ist beim letzten Plan von außen nicht mehr sichtbar.

Die Geometrie des Jagdschlosses spielt in virtuoser Weise mit den elementaren Grundformen Kreis, Quadrat und Dreieck. Das den Kreis (die innenliegende Rotunde) umschließende Quadrat wird auf allen vier Seiten flankiert von insgesamt zwölf weiteren quadratischen Räumen. Das Größenverhältnis zwischen dem inneren und den äußeren Quadraten beträgt jeweils 2:1. Bei der Höhengliederung von Erdgeschoß zu erstem und zweitem Stock wählte der Architekt das Maßverhältnis des Goldenen Schnitts.

Raffiniert wurden die Leerräume zwischen der Rotunde und dem umschließenden Quadrat genutzt: Hier befinden sich nicht nur Versorgungsschächte, vier Kamine beheizen gleichzeitig die Rotunde und jeweils noch drei weitere Räume. Ausgesprochen modern war der Einbau von Spülklosetts, die Wasserversorgung war ebenfalls in diesen Segmenten untergebracht. Eine technisch kühne Treppe verband in der festlich ausgestalteten Rotunde die verschiedenen Stockwerke. Hier, gleichsam im Allerheiligsten, wurden die Trophäen und Insignien des fürstlichen Jagdeifers präsentiert. Die Achse der Windfahne reichte durch die Mitte der Rotunde. Der Herzog konnte von seinem Zimmer aus jederzeit die Windrichtung identifizieren...

Wandel im Herrschaftsverständnis?

Der erste Bauentwurf entsprach noch weitgehend den Funktionen, die ein repräsentatives Schloß traditionellerweise übernahm. Ein Bedürfnis, grandios nach außen zu repräsentieren, wurde bei dem ausgeführten letzten Entwurf weitgehend zurückgenommen. Die prachtvollen Räume dieses nach außen recht ruhig und harmonisch wirkenden Gebäudes sind nach innen verlegt. Kommt hier auch ein verändertes Herrscherverständnis zum Ausdruck? Wir wollen diese Frage ein wenig verfolgen, indem wir untersu-

chen, welche Bedeutung dieses Jagdschloß für die Menschen hatte, die zur Zeit seiner Errichtung lebten, in einer Epoche, die durch das Stichwort Pauperismus zutreffend gekennzeichnet wird. Für die Zeitgenossen stellte das Jagdschloß alles andere dar als ein touristisches Ziel oder einen Treffpunkt für wochenendliche Freizeitunternehmungen im Freundes- und Familienkreis.
Ganz im Gegenteil: Der Bau des Jagdschlosses 1823/24, der sich in einer geradezu dramatisch raschen Weise vollzog und für den beachtliche Ressourcen mobilisiert wurden, war eher eine absolutistische Machtdemonstration. In dieser Epoche wurde die Legitimität der Herrschaft feudaler Gewalten zunehmend in Frage gestellt. Das adelige Jagdprivileg wurde zum bestgehaßten Relikt einer als überholt geltenden Ordnung.
In der Restaurationsphase nach dem Wiener Kongreß und insbesondere nach den Karlsbader Zensurbeschlüssen (1819), die sich gegen die bürgerlich-demokratische Emanzipationsbewegung richteten, erstarkten noch einmal die Gewalten der alten Ordnung. Diese gingen scharf gegen die sogenannten Demagogen vor, also gegen Menschen, die das Recht auf Presse- und Meinungsfreiheit in Anspruch nahmen. Der junge Dichter Georg Büchner verfaßte in dieser Zeit seine berühmte - aber völlig folgenlose - Flugschrift „Der hessische Landbote", in der er die feudale Prunkentfaltung und Ausbeutung der Untertanen im benachbarten Großherzogtum Hessen geißelte. Währenddessen denunzierte die herzogliche Regierung die völlig verarmte Landbevölkerung, die seit dem frühen 19. Jahrhundert Auswanderungsanträge stellte, als 'arbeitsunwilliges, heruntergekommenes minderwertiges Gesindel'. In einem Bericht an das Wiesbadener Herzogliche Staatsministerium, der solche Auswanderungsgesuche befürwortete, heißt es: „Der Staat verliert an solchen Unterthanen nicht, sondern gewinnt vielmehr durch ihre Entfernung, indem sich dadurch die Klasse der Armen und Müßiggänger mindert..."

Die Rotunde mit den Trophäen der herzoglichen Jagd

Der Wald - ein fürstlicher Herrschaftsbereich

Verbittert notierte der Wiesbadener Bürger und Bauer Friedrich Ludwig Burk im Jahr 1816 in sein Tagebuch: „Es ist diese Woche eine Forstverordnung bekannt gemacht worden, daß nichts, auch die geringste Kleinigkeit nicht mehr, aus dem Wald darf geholt werden, sogar Steine, Moos, Dorn und dergleichen nicht mehr. Wenn Menschen, die nur vor 20 Jahren noch da wahren und jetzt wieder kämen, sie würden nicht glauben können. Es ist traurig jetzt für den Unterthanen. Eine Sache, wozu wir sonst Anspruch hatten, müssen wir ohne Wiederrede aufgeben. Was gefodert (!) wird, müssen wir geben. Die Abgaben haben sich 8-10fach verdoppelt."
Die herzogliche Regierung griff gnadenlos durch, wenn die „Unterthanen" zur Linderung ihrer Not Holz aus dem Wald holten. Der Holzdiebstahl war damals ein weit verbreitetes Massendelikt der

Fest vor dem Jagdschloß 1852 (Illustrirte Zeitung Leipzig, Nr. 488, 1852)

armen Stadt- und Landbevölkerung, gewissermaßen eine traditionelle Form der Selbsthilfe. Die Menschen wehrten sich auf diese Weise gegen die Abschaffung gewohnheitsmäßiger Nutzungsrechte am Wald.

Warum reagierten die Fürsten so scharf auf „Vergehen" der sozialen Unterschichten, durch die sie doch allenfalls nur in geringfügiger Weise ökonomisch geschädigt wurden?

Die Adeligen bildeten im Mittelalter den sozial und politisch privilegierten Stand der Krieger. Mit dem Aufkommen von Söldnerarmeen und später der stehenden Heere verloren sie vollständig diese Funktion. Einige wurden Raubritter, andere avancierten zu souveränen Landesherren. Die regierenden Fürsten erfuhren vor allem im 19. Jahrhundert zunehmend eine Einschränkung ihrer Macht, etwa durch die ihren Untertanen wenig freiwillig gewährten Verfassungen, mit denen sie auf die Herausforderung durch die Französische Revolution reagierten. Ferner büßten sie an Souveränität ein durch die Entwicklung zum National- und Rechtsstaat, durch ein zunehmend selbstbewußter auftretendes Bürgertum, durch die Herausbildung der modernen Industriegesellschaft und des Kapitalismus. Dies waren Prozesse, die nahezu vollständig ihrem Einfluß entzogen waren und die ihre traditionelle Stellung allmählich untergruben.

Der Wald bildete einen der letzten Bezirke, der von dem neuzeitlichen Zivilisationsprozeß und vom ökonomischen Kalkül noch am wenigsten durchdrungen war. Heinrich Anton Leichtweiß konnte sich im ausgehenden 18. Jahrhundert noch im wilden und unzugänglichen Wald verbergen.

Der Wald - ursprünglich ein fast herrschaftsfreier Raum - wurde seit dem Mittelalter zu einem fürstlichen Herrschaftsbereich, der umso eifersüchtiger verteidigt wurde, je mehr die reale politische Macht der alten Feudalgewalten und ihr Einfluß auf soziale und ökonomische Prozesse schwand. Dies demonstrieren umfangreiche Wald- oder Forstordnungen. Das adelige Jagdrecht stellt daher - ähnlich wie das mit Waffen ausgetragene Duell - gewissermaßen eine „domestizierte" Form der Kriegsführung gegen lebendige Wesen dar, die nur ihnen vorbehalten sein sollte. Bereits Machiavelli empfiehlt den Fürsten die Jagd unter diesem Aspekt. Erst mit der Revolution von 1848/49 wurde dieses Recht der Jagd auf fremdem Eigentum vorübergehend beseitigt.

Noch unbarmherziger als beim Holzdiebstahl zeigte sich die tief verunsicherte Herrschaft, wenn es um „Jagdfrevel“ ging. Personen, die der Wilderei bezichtigt wurden, begegnete die fürstliche Justiz mit gnadenloser Härte. Bekannt ist das Schicksal des bereits erwähnten vermeintlichen Wilderers Leichtweiß, der elend im Zuchthaus auf dem Michelsberg starb. Manche zeitgenössische Statistik erfaßt die immensen Schäden, die durch Wildverbiß (die Wildbestände wurden bewußt hoch gehalten) und durch die zahllosen Jagden mit ihren großen Teilnehmerschaften verursacht wurden. Immerhin umfaßte das nassauische Jagdgebiet etwa ein Drittel des Herzogtums. Dieses Jagdrecht schädigte alle - nur nicht den Fürsten. Die miserabel entlohnten und verpflegten, zum fürstlichen Vergnügen abkommandierten Jagdhelfer durften vielmehr einen Beitrag dazu leisten, daß Äcker und Felder der Untertanen zertrampelt wurden.

Widersprüche

Die wenig pomphafte äußere Struktur des Jagdschlosses entspricht zunächst dem Stil der Zeit. Auf alten Abbildungen wirkt es eher wie ein friedliches, geräumiges Landhaus. Auch das in jenen Jahren errichtete Wiesbadener Stadtschloß integriert sich ohne große Höhenunterschiede in die vorhandene städtebauliche Struktur und hebt sich nur unauffällig von den benachbarten Bürgerhäusern ab. Der Herzog demonstrierte auf diese Weise „Bürgernähe“. Insofern kann der äußerlich „schlichte“ Bau des Jagdschlosses in gewisser Weise als Reaktion auf die zunehmend offen vorgetragene Kritik an der feudalen Ordnung gedeutet werden.

Tatsächlich trügt das unprätentiöse, „bescheidene“ äußere Erscheinungsbild des Jagdschlosses. Die Fassaden verbergen vielmehr ein technisch virtuos gestaltetes und zugleich prunkvolles Inneres, das nicht beim kleinsten Detail sparte und mit aufwendigem architektonischen und künstlerischen Raffinement luxurierte. Gerade im Zentrum des Gebäudes, in der Rotunde mit ihrem kühnen Treppenaufgang, demonstrierten zahllose Jagdtrophäen einen überkommenen fürstlichen Herrschaftsanspruch. Diese Trophäen standen für den nur dem Adel erlaubten „Krieg“ gegen freilebende edle Tiere. Sie illustrieren und symbolisieren den herausgehobenen Stellenwert der Jagd für das fürstliche Selbstverständnis, eines adeligen „sportlichen“ Vergnügens, das für die „Unterthanen“ besonders anstößig war.

Mit der Annexion des Herzogtums Nassau durch Preußen und der Resignation des letzten nassauischen Fürsten, Herzog Adolph, im Jahr 1866 verlor die Jagd, und damit das Jagdschloß, rasch seine frühere Bedeutung. In der zweiten Häfte des 19. Jahrhunderts wurde auch der Rabengrund unterhalb des Jagdschlosses zunehmend domestiziert, dem Zivilisationsprozeß unterworfen und für den städtischen feudal-bürgerlichen Kurbetrieb genutzt. Seit der Mitte des 19. Jahrhunderts fuhren hier Equipagen in der zu einem „unberührten“ romantischen Landschaftsgarten umgeformten Wildnis. Zahlreiche Wanderwege erschlossen diesen künstlichen Gegenraum zur bürgerlich-städtischen Lebenswelt. In zeitgenössischen pittoresken Genrebildern wird diese Landschaft vom Jagdschloß Platte friedlich überragt.

Daß in diesem Raum soziale Konflikte erbittert ausgetragen wurden, der Wald und die Jagd ein letzter eifersüchtig gehüteter fürstlicher Herrschaftsbezirk waren, sollte bei der weiteren Rekonstruktion des Jagdschlosses bedacht werden.

Im Kaiserreich wurde das Jagdschloß ein beliebtes sonntägliches Ausflugsziel für das Wiesbadener Bürgertum

Das Hotel „Nassauer Hof". Hier wohnte der Abgeordnete Kindlinger, wenn die Deputiertenkammer tagte.

Volker Eichler

Rebellion im Landtag - Wie Herzog Wilhelm sich einmal ganz furchtbar ärgerte

Wiesbaden im April 1832. Helle Frühlingssonne taucht Kurhaus und Theaterplatz in gleißendes Licht. Aus dem Portal des Hotels „Nassauer Hof" tritt der Landtagsabgeordnete Nikolaus Kindlinger, Ökonom aus Neudorf im Rheingau, das heute Martinsthal heißt. Mit raschen Schritten geht er auf eine Kutsche zu, verstaut sein Gepäck, steigt ins Wageninnere und tritt die Heimreise in den nahen Rheingau an. Gedankenverloren schaut er aus dem Fenster; die letzten Tage waren ziemlich turbulent. Ob Kindlinger sein Abgeordnetenmandat jemals wieder wahrnehmen kann, vermag er jetzt nicht zu sagen. Draußen auf der Wilhelmstraße promeniert das vornehme Kurpublikum. Obwohl Wiesbaden kaum 9.000 Einwohner zählt, registiert man bereits an die 20.000 Gäste pro Jahr.

Der 50jährige Kindlinger war erst seit kurzem Abgeordneter im Landtag des Herzogtums Nassau, der alljährlich im Frühjahr in der Landeshauptstadt zusammentrat. Freilich war dies kein Parlament, wie wir es heute kennen: So bestand der Landtag z.B. aus zwei Kammern, von denen nur eine - die „Deputiertenkammer" - vom Volk gewählt wurde, während die andere - die „Herrenbank" - dem Adel des kleinen Landes vorbehalten war (das waren noch nicht einmal 50 Familien). Hinzu kam, daß nur, wer vermögend war und entsprechend hohe Steuern zahlte, an den Landtagswahlen teilnehmen durfte: von den 360.000 Einwohnern des Herzogtums noch nicht einmal 2.000.

Dennoch war der Landtag - vor allem die Deputiertenkammer - mehr als ein machtloses Scheinparlament. Seit die Zensurbestimmungen der berüchtigten Karlsbader Beschlüsse von 1819 dazu geführt hatten, daß im ganzen Herzogtum keine politische Zeitung mehr erschien, war die „Ständeversammlung", wie der Landtag auch genannt wurde, das einzige politische Forum des Bürgertums. Als die französische Julirevolution von 1830 die Monarchen ganz Mitteleuropas das Zittern lehrte, wurde die Deputiertenkammer gar zum Brennpunkt der Auseinandersetzung zwischen dem freiheitlich gesinnten Bürgertum und dem reaktionären Herzog Wilhelm, von dem übrigens Wiesbadens „Rue" schon damals ihren Namen erhielt.

Das Stichwort hieß „Domänenstreit". Anlaß war der Anspruch des Herzogs auf die alleinige Verfügung über die Erträge umfangreicher Ländereien, Forsten, Bergwerke, Mühlen, Mineralquellen, Bäder usw. - eben der Domänen. Sie warfen Jahr für Jahr eine immense Summe ab, die so hoch war wie das gesamte Steueraufkommen des Landes. Herzog Wilhelm beanspruchte die Domänen als sein Hauseigentum, wogegen die Deputiertenkammer sie als seit jeher eng mit dem Land verbundene Quasi-Staatsgüter betrachtete. Der Streit entzündete sich nun daran, daß Herzog Wilhelm geltend machte, „seine" Domänen hätten durch die im Jahr 1812 erfolgte Aufhebung leib- und grundherrlicher Abgaben Einbußen erlitten, für die ihm fortan eine jährliche „Entschädigungsrente" in Höhe von 140.000 Gulden zustehe. Da die „Entschädigungsrente" aus den allgemeinen Steuern aufzubringen war, bedurfte sie der Zustimmung des Landtags, der alljährlich über deren Höhe zu befinden hatte. Er gab sie denn auch, wobei allerdings die Deputiertenkammer stets nur „unter Vorbehalt" zustimmte, da sie die Rechtmäßigkeit der Rente bestritt, andererseits aber genau wußte, daß sie bei einer Kraftprobe mit dem Herzog den kürzeren ziehen würde.

„Toller als irgendwo"

Das war jetzt - 1830 - schlagartig anders geworden. Überall im Lande häuften sich „Widersetzlichkeiten" gegen die Obrigkeit. Auch dem Herzog blies nun der Wind ins Gesicht: Am 24. März 1831 verweigerte die Deputiertenkammer die umstrittene Rente. Aufgebracht schrieb er einem befreundeten Fürsten: „Sie haben wohl davon gehört, in welchem Grade ich jetzt auf die unangenehmste Weise von der Welt beschäftigt bin. Meine Sch...stände sind toller als irgendwo." Man kann die Erregtheit des Herzogs verstehen. Die Verfassung schrieb nämlich vor, daß bei der Steuerbewilligung - anders als bei der Abstimmung über Gesetzesvorlagen - die Stimmen beider Kammern zu addieren waren. Da die rebellische Deputiertenkammer die Rente mit 19 gegen 3 Stimmen abgelehnt hatte, waren also noch mindestens 17 Ja-Stimmen der Herrenbank für deren Bewilligung erforderlich. Nun zählte die Herrenbank selbst aber nur zwölf Mitglieder ...

Da entschloß sich Herzog Wilhelm zu einem ebenso plumpen wie spektakulären Trick: Ohne

Herzog Wilhelm von Nassau (1792-1839)

zu zögern, vertagte er die Landtagsverhandlungen „auf unbestimmte Zeit" und nutzte die kommenden Wochen, die Herrenbank einfach um soundsoviel willfährige Adlige aufzustocken, bis es zur Bewilligung der Steuern reichte. Zwar gab ihm der Buchstabe der Verfassung tatsächlich das Recht, nach Gutdünken weitere Mitglieder der Herrenbank zu ernennen, doch das besagte im Grunde nichts. Entscheidend war, daß Wilhelm sich mit der Entmachtung der Deputiertenkammer die Empörung der gesamten politischen Öffentlichkeit, auch außerhalb des Herzogtums, eingehandelt hatte.

Als der Landtag im Herbst 1831 wieder zusammentrat, lief denn auch alles nach Plan: Anstandslos bewilligte die auf 17 Mitglieder „vermehrte" Herrenbank die Steuern mitsamt der umstrittenen Rente, wogegen die Deputiertenkammer ihr Nein noch einmal bekräftigte und überdies jede Zusammenarbeit mit der nach ihrer Auffassung verfassungswidrig zusammengesetzten Herrenbank ablehnte. Die Fronten verhärteten sich zusehends. Nach dem Ablauf der Wahlperiode im Januar gaben 120 Wiesbadener Bürger ein großes Bankett im Hotel „Vierjahreszeiten" zu Ehren der standhaften Deputierten. Als die Limburger und Hadamarer Abgeordneten nach Hause zurückkehrten, wurden sie mit Musik und Fackelzügen empfangen. Prompt reagierte der Herzog mit Bußgeldern und der Maßregelung beteiligter Beamter.

Die im Frühjahr anstehenden Neuwahlen bescherten der Deputiertenkammer fast durchweg oppositionelle Abgeordnete, darunter auch Nikolaus Kindlinger. Wie die Mehrzahl seiner Kollegen war er fest entschlossen, in die inhaltlichen Beratungen erst dann einzutreten, wenn der Herzog die skandalöse „Vermehrung" der Herrenbank zurückgenommen hatte. Um dies auch der Bevölkerung gegenüber zum Ausdruck zu bringen, hatte man eine Erklärung vorbereitet, die so bald wie möglich in öffentlicher Sitzung vorgetragen werden sollte. Genau das aber fürchtete der Herzog; unter keinen Umständen sollte die oppositionelle Stimmung im Lande noch weiter geschürt werden. Über seine parlamentarischen Vertreter (ohne deren Anwesenheit keine Sitzung begonnen werden durfte) ließ er mitteilen, daß er diesen Tagesordnungspunkt nur dann behandeln lasse, wenn ihm zuvor der Wortlaut der Erklärung zugegangen sei. So viel Selbstherrlichleit aber war den Abgeordneten nun doch zuviel.

Am folgenden Abend - es war der 17. April 1832 - kamen 15 der insgesamt 22 Deputierten im „Grünen Saal" des Hotels „Zum Adler" zusammen (dort, wo sich heute das Kaiser-Friedrich-Bad erhebt) und faßten in einer ausführlichen Resolution den Beschluß, künftig an keiner Landtagssitzung mehr teilzunehmen, solange ihnen die verfassungswidrig „vermehrte" Herrenbank gegenüberstünde. Zwei Tage darauf - der Landtag ging in die üblich Osterpause - reisten die Deputierten ab. Sicher hofften einige Abgeordnete, der Herzog würde in dieser verfahrenen Situation den Landtag auflösen und Neuwahlen ausschreiben. Doch

der zeigte sich unbeeindruckt von dem „im Rausch niedergeschriebenen Pasquill" der Deputierten und trug seinem Minister auf, die 15 „Rebellen", sollten sie wirklich die nächste Sitzung boykottieren, „für Deserteurs zu erklären und ohne die Deputierten die Sache mit der Herrenbank fertig zu machen."
Ende April traten die fünf verbleibenen Deputierten (einer hatte schon vorher die Annahme des Mandats verweigert, ein weiterer war erkrankt) wieder in Wiesbaden zusammen. Ohne viel Federlesens betrachteten sie sich als beschlußfähige Kammer, bewilligten die Steuern und vergaßen auch nicht, den 15 „Boykotteuren" in aller Form das Mandat abzuerkennen. Kein Wunder, daß diese „Fünfmännerkammer" sogleich den Spott der Bevölkerung, aber auch Empörung auf sich zog: Kaum hatte das illustre Gremium die Steuern bewilligt, kam es vor dem Quartier eines ihrer Mitglieder in der Wiesbadener Neugasse zu Tumulten, die die Regierung mit dem Einsatz von Infantrie und Reiterei erstickte. Drei Tage später trafen sieben der „Boykotteure" in Eltville zusammen und verabschiedeten eine weitere Resolution, in der sie die Steuerbewilligung der „Fünfmännerkammer" für ungesetzlich erklärten. Wie schon die erste, so wurde auch diese Resolution von dem Wiesbadener Abgeordneten Ruß vervielfältigt und jedem der Unterzeichner in jeweils 50 Exemplaren zugestellt.

Korrektionshaus und Festungshaft

Einige Wochen später. In der Frühe des 23. Juli 1832 macht sich die Dienstmagd Katharine Rufa von Hofheim aus auf den Weg nach Höchst. Die 33jährige ernährt sich und ihre Eltern durch gelegentliche Botengänge nach Mainz. Kurz vor Zeilsheim entdeckt sie am Wegrand, zwischen Kirschbäumen und Kornfeldern, ein Schriftstück. Katharine kann zwar nicht lesen, nimmt aber in der Hoffnung auf ein Trinkgeld das Blatt an sich, um es in Höchst abzuliefern. Dort löst ihr Fund einigen Wirbel aus, denn es handelt sich um ein Exemplar der Eltviller Resolution. Bald weiß auch die Regierung in Wiesbaden davon.
Da zwischenzeitlich noch weitere Exemplare gefunden wurden und der Abgeordnete Ruß auch gar nicht bestritt, die beiden Resolutionen verschickt zu haben, war für die Regierung der Tatbestand der „öffentlichen Verbreitung" erfüllt. Bis Ende August wurde jeder der 15 „Rebellen" polizeilich verhört und aufgefordert, die noch in seinem Besitz befindlichen Exemplare abzuliefern. Wer behauptete, er habe alle Resolutionen „an Unbekannte weitergegeben", zum „Geldeinrollen", „Gewürztüten" und dergleichen verwendet, mußte auf eine Hausdurchsuchung gefaßt sein. Am 18. Februar 1833 wurde schließlich der Hochheimer Abgeordnete Georg Hofmann wegen „öffentlicher Verbreitung" und „Aufreizung zur Steuerverweigerung" mit sechs Monaten Korrektionshaus (eine Art „Besserungshaft") bestraft; elf weitere Abgeordnete, darunter Nikolaus Kindlinger, wurden zur Übernahme der Untersuchungskosten verurteilt.
Am schlimmsten traf es Johann Georg Herber, den langjährigen Präsidenten der Deputiertenkammer. Wegen eines in der Hanauischen Zeitung anonym veröffentlichten Aufsatzes wurde er der „Majestätsbeleidigung" bezichtigt. Fast fünf Wochen hielt man den fast Siebzigjährigen in einem dunklen Mansardenzimmer des Wiesbadener Kriminalgefängnisses am Michelsberg gefangen. Als Herzog Wilhelm erfuhr, daß mit der vorläufigen Freilassung Herbers gegen Kaution zu rechnen sei, fürchtete er, die Milde der Richter könne möglicherweise sogar zum Freispruch führen; seine letzte Hoffnung - so vertraute er seinem Minister an - sei, daß „der Kerl" vorher im Kriminalgefängnis krepiere. Schließlich wurde Herber zu drei Jahren Festungshaft verurteilt. Er starb, geschwächt durch die Untersuchungshaft, kurz vor Antritt der Strafe am 11. März 1833 zu Hause in Eltville.
Der Widerstand der Landtagsabgeordneten war damit endgültig zerschlagen. Doch wie jede Niederlage einer fortschrittlichen Bewegung trug auch diese bereits den Keim einer neuen Zeit in sich: Bald nach seiner Strafverbüßung schloß sich der frühere Abgeordnete Hofmann dem von Paris auf Deutschland übergreifenden „Bund der Geächteten" an, aus dem später der „Bund der Kommunisten" hervorgehen sollte. Die sozialistische Arbeiterbewegung hielt ihren Einzug in Nassau und bald auch in Wiesbaden ...

Johann Georg Herber, Präsident der Deputiertenkammer

Horst Dickel

Rheingauer Maschinenstürmer - von Halfnern, Treidlern und Schiffern in der 48er Revolution

Die Nassauische Allgemeine war alarmiert. „Während bisher unser Rheingau sich der neu errungenen Freiheit in Besonnenheit und Ruhe erfreute, haben leider in den letzten Tagen zu Rüdesheim beklagenswerte Unruhen stattgefunden“, so schreibt das Blatt am 5. April 1848. Auch die radikaldemokratische Freie Zeitung wollte zwei Tage später jeden „gutgesinnten“ Bürger dazu verpflichten, mit „allen ihm zu Gebote stehenden Mitteln solche groben Exzesse zu verhindern“. Hatte denn die Revolution nicht bereits auf der ganzen Linie gesiegt, nachdem der Herzog am 4. März praktisch allen Forderungen der oppositionellen Öffentlichkeit nachgegeben hatte und es nun offenbar nur noch galt, richtig ordentliche Verfassungszustände herzustellen? Und jetzt dies! Was war passiert?
Am 30. März, es war ein Freitag, hatte eine „nicht unbedeutende Anzahl“ von Rheingauer Schiffern aus Rüdesheim die öffentliche Sitzung des Rüdesheimer Sicherheitskomitees gesprengt und, so ein Mitglied dieses Gremiums von „Revolutionswächtern“, unter anderen „unsinnigen Forderungen die sofortige Einstellung der Fahrten der Dampfschleppboote verlangt“. Während draußen einige „Feuer“ skandierten, drohten die Schiffer drinnen, man werde das erste Dampfschleppboot, welches sich am Binger Loch dem nassauischen Ufer näherte, beschießen und „auf jede mögliche Art“ zerstören, falls die Forderungen nicht erfüllt wurden. Die Sicherheitskomiteeler versuchten, sich mit vagen Versprechungen aus der verzwickten Situation zu befreien. Doch damit wollten sich die Schiffer nicht zufriedengeben. Samstags schritt das „ganze Schiffsvolk“, wie die Nassauische Allgemeine zu wissen glaubte, zur Tat.

Rheingauer Treidler bei der Arbeit (Stich von H. Singer, 1881)

Am frühen Abend dieses Tages ankerte das Dampfschleppboot „Rhenus“ unter Kapitän Löhr mit einer großen Ladung Wein an der Geisenheimer Anlegebrücke. Um 1 Uhr nachts brachte eine 16 Mann starke, zu allem entschlossene Gruppe von Schiffern und anderen nicht näher bezeichneten Personen das Schiff in ihre Gewalt. Sonntags rückte die Staatsmacht an. Insgesamt 720 Mann war das Aufgebot an Bürgerwehrsoldaten und Freiwilligen aus mehreren Rheingauer Orten stark, das die Übeltäter verhaftete und dafür sorgte, daß die „Rhenus“ unbehelligt Geisenheim in Richtung Mainz verlassen konnte.
Auch in Kaub ging es am gleichen Tag unruhig zu. Wie in Geisenheim versuchten einige Schiffer und anderes „Schiffsvolk“, die Abfahrt eines Dampfschleppbootes zu verhindern. Doch die Bürgerwehr griff so rechtzeitig zu, daß es erst gar nicht zur Besetzung des Schiffes kam. Die Ereignisse in Geisenheim führten erst einmal dazu, daß einzelne Dampfschiffahrtsgesellschaften ihren Betrieb einstellten. Dazu bestand Anlaß, denn auch aus Kaub (am 2. April) sowie Bingen und Lorch (am 15. April) wurden ähnliche Vorgänge gemeldet. Und am Nachmittag des 17.4. geschah dies in Oestrich: in den Gasthäusern des Ortes hatte sich eine größere Zahl junger Rekruten versammelt. Sie warteten auf ein Schiff der Kölner Dampfgesellschaft, das sie in das nahe Biebrich bringen sollte. Als sich das Schiff gegen 5 Uhr näherte, ließen sie sich im Nachen eines Oestricher Schiffers in Richtung Strommitte rudern. Doch es geschah etwas Unerwartetes. Statt anzuhalten, ließ der Kapitän, durch das Gegröhle der jungen Leute mißtrauisch geworden und gewitzt durch die Geisenheimer Erfahrungen, Volldampf geben - das Schiff brauste einfach an dem sich nähernden Nachen vorbei. Am Oestricher Ufer rächten sich die Rekruten auf ihre Art: Sie rissen die Hütte der Dampfgesellschaft bis auf den

Grund nieder und warfen das Material in den Rhein. Auch wenn das Ereignis mit dem „Schifferaufstand“ nichts direkt zu tun hatte, so reagierte man in Wiesbaden hellhörig: Angriffe auf das Privateigentum der Schiffahrtsgesellschaften schienen im Rheingau in Mode zu kommen ...

Rheingauer Schiffsvolk

Der Stich hält die typischen Akteure des Rheingauer Schifferprotestes fest - im Vordergrund der das Pferd führende Halfner (er war in der Regel auch der Besitzer des Pferdegespanns), auf dem Pferd sitzend der Leinereiter, auf dem Rhein das mittels Tau gezogene („getreidelte“) Schiff, im Hintergrund und in der Strommitte das Dampfschiff.

Die komplexe Tätigkeit des Treidelns umfaßte mehrere Funktionen. Da galt es einmal, das Gespann auf dem Leinpfad zu führen und die Bewegungen der Pferde zu kontrollieren, das Tau zu leiten, zum anderen aber auch, ständigen und lautstarken Kontakt zum Schiffer zu halten und den immer drohenden Gefahren zu begegnen. So konnte es vorkommen, daß ganze Gespanne in den Rheinfluten versanken, falls der Strömungswiderstand zu stark war und es den Treidlerknechten nicht rechtzeitig gelang, das Tau mit der immer griffbereiten Axt zu durchtrennen. Die Arbeit auf dem Leinpfad war schwer für Mensch und Tier. So bedurfte es fester Treidlerstationen, an denen neue Mannschaften und frische Pferde in festgesetzter Reihenfolge darauf warteten, die Schiffe weiter bergwärts zu ziehen. Solche Stationen gab es in Kaub und im unteren Rheingau in Lorch, wo die Schiffe wegen der zu starken Strömung im Binger Loch entladen werden mußten. Lorcher Pferdegespanne transportierten sie dann auf dem steilen Kaufmannsweg nach Rüdesheim. Rüdesheimer und Oestricher Treidler zogen die Schiffe schließlich bis nach Biebrich.

Die Rheingauer Schiffer ließen sich in zwei Kategorien einteilen. Da gab es einmal die Kleinschiffer, die „Zwerchfahrten“ von Ufer zu Ufer oder die Marktfahrten nach Mainz oder Bingen besorgten, zum anderen die 18 großen Rheinschiffer, deren Schiffe eine Ladekapazität von 700 bis 4000 Zentnern aufwiesen und auf dem Strom zwischen Mannheim und Holland verkehrten. Alle Schiffer waren seit altersher einer berufsständischen Ordnung unterworfen, die festlegte, wann welches Boot auf welcher Strecke und zu welchem Preis Güter und Personen transportieren durfte. Zwar schlug die 1831 in Mainz ratifizierte Rheinschiffahrtsakte eine erste Bresche in diese jahrhundertelangen Berufsordnungen, indem sie grundsätzlich die Gewerbe und Vertragsfreiheit auf dem Rhein einführte und auch die Zünfte und Gilden auflöste. Die eigentliche Bedrohung für diese rheinische Schiffertradition bildeten jedoch das zeitlich fast parallele Aufkommen der Dampfschiffe und die Gründung von Dampfschiffahrtsgesellschaften (seit 1826).

Die Vorzüge der Dampfschiffahrt für den Speditions- und Personenverkehr lagen auf der Hand: Wer wollte sich schon der alten Boote bedienen, die keine Abfahrt-, keine Ankunftzeit selbst bestimmen konnten, weil sie allzusehr von Wind und Wetter, von den Menschen- und der Pferdekraft, von der Beschaffenheit der Leinpfade, von den Wasserständen und der damit zusammenhängenden Strömung abhängig waren. Von anderen Unannehmlichkeiten wie der langen Reisedauer, den ständigen Unterbrechungen gar nicht zu reden. Kein Wunder, daß sich auch Rheingauer Orte, in denen eine Vielzahl von Menschen vom Weinhandel abhingen, darum rissen, Anlegebrücken für Dampfschiffe zu bekommen - so Geisenheim und Eltville im Jahre 1838. Die neuen Schiffe waren also keineswegs für alle Rheingauer ein Ärgernis. Zu leiden hatten neben den Schiffern und Treidlern vor allem viele Uferbewohner; ihre Grundstücke wurden regelmäßig durch den von den Dampfschiffen verursachten hohen Wellenschlag beschädigt.

Wider „Geldaristokraten“ und „Kapitalisten“

Kehren wir zu dem Aufruhr von Frühjahr 1848 zurück. Nach den unruhigen ersten Apriltagen verlegten sich die Schiffer auf das Schreiben von Petitionen und auf öffentliche Erklärungen. Darin wandten sie sich nicht grundsätzlich gegen die Dampfschiffahrt, sie beklagten sich vielmehr über die neuen Aktiengesellschaften, die immer mehr dazu übergegangen seien, große eiserne Lastkähne zu bauen und diese dann auch von ihren eigenen Dampfbooten schleppen zu lassen. Dies gestatte es auch jenen „Geldaristokraten und Kapitalisten“, die Frachtpreise auf ein konkurrenzlos niedriges Niveau zu drücken. Und wie war es mit allem Herkommen vereinbar, daß jetzt auch Frachtgüter auf Personenschiffahrt transportiert wurden? Ihnen, den „richtigen“ Schiffern, bliebe da nur noch das Gelegenheitsgeschäft bei niedrigem Wasserstand, das für die schweren Dampfschlepper und Lastkähne, für Spediteure und Versicherungen zu riskant war. All dies, so empörten sie sich, habe dazu geführt, daß „unzählige Familien“ von Schiffern, Halfnern, Karchern (Schiffsvoranzieher) und Schiffsgesellen „in die grösste Noth gerathen seien“. Und weiter: „Hat der Kapitalist das Recht, sein Geld anzuwenden wie es ihm beliebt, so berufen wir uns auf ein weit höheres, auf ein heiliges Recht, es ist das Recht eines Jeden zu leben, sich und seine Familie durch seine Arbeit zu erhalten und nicht durch schrankenlose Eingriffe zum Bettler gemacht zu werden.“ „Qualifizierte und ehrliche Arbeit“ hier, „gesichtslose Kapitalmacht“ da - solche Gegensätze führten die Rheingauer Schiffer ins Feld, als sie die nassauische Obrigkeit aufforderten, ein Ladeverbot gegen alle von Dampfkraft gezogenen Schleppschiffe zu verhängen, ja sie „gänzlich vom Rhein zu entfernen“, und im übrigen wieder zu den hergebrachten Regeln der Schiffahrt von vor 1831 zurückzukehren. Petitionen wie diese richteten die Rheingauer, allein oder zusammen mit anderen Rheinschiffern, an die nassauische Regierung, an die Mainzer

Treidlerarbeit vor romantischer Kulisse: St. Goarshausen, Burg (Stich von J. Riegel)

Zentralkommission für die Rheinschiffahrt, an das Frankfurter Vorparlament und die Nationalversammlung, doch vergebens: in den eilig zusammengerufenen Ausschüssen dachte man 'nach vorn' und war nicht bereit, dem „Fortschritt" der Handels- und Verkehrsverhältnisse zugunsten eines offenbar zum Untergang verurteilten Gewerbes in den Arm zu fallen. So blieb es bei verbaler Solidarität und einer unwirksamen staatlichen Gebührensenkung.

Und die Folgen?

Wie erging es den Rheingauer Unruhestiftern? Die juristischen Konsequenzen waren offenbar maßvoll. Überliefert ist eine milde Ordnungsstrafe wegen „Frevels". Sie wurde über die Rädelsführer der Geisenheimer Ereignisse vom 2. April verhängt. Gravierender waren die längerfristigen Folgen. 1856 gab es in Rüdesheim noch 26 Schiffsbesitzer (Groß- und Kleinschiffer), 1870 nur noch zwei. Und in anderen Rheingauorten sah es nicht besser aus. Manche Schiffer ließen sich von den Schiffahrtsgesellschaften als Schiffsführer, Steuerleute, Rudergänger oder als Lotsen anheuern. Dies bedeutete Arbeit, freilich auch, mit Ausnahme der Lotsen, die Aufgabe von Selbständigkeit. Eine größere Zahl von Kleinschiffern konnte sich wirtschaftlich noch länger halten, zudem hatten die meisten von ihnen ebenso wie die Halfner noch einen Nebenerwerb (z.B. als Winzer). Schlechter erging es den Treidlerknechten und jenen Schiffern, die nicht bei einer Schiffahrtsgesellschaft unterkamen und auch nur eine beschränkte Zeit von dem Erlös leben konnten, der ihnen der erzwungene Verkauf des Schiffes einbrachte. Es war nicht leicht, in dem agrarisch strukturierten Rheingau und vor der Zeit des Massentourismus eine Stellung zu finden. Kein Wunder, daß aus den 60er Jahren des letzten Jahrhunderts immer mal wieder berichtet wurde, daß einzelne Schiffe vom Rheinufer beschossen würden...

Hartmann Wunderer

„Staatsfeinde" im 19. Jahrhundert: Wiesbadener Arbeiterbewegung und Freireligiöse Gemeinde

Wiesbaden gilt gemeinhin als Stadt, die besonders vom gehobenen Bürgertum geprägt ist. Sucht man nach Spuren, die die unteren sozialen Schichten hinterlassen haben, ohne dabei in die proletarischen Vororte auszuweichen, muß man schon genauer hinschauen. Tatsächlich gibt es auch Verbindungen zwischen der Geschichte des Wiesbadener Bürgertums, der Kirchen und der Arbeiterbewegung. Hier wird man stutzen: Was hat denn die Arbeiterbewegung mit Kirche und religiösen Gemeinschaften zu tun? Hatte sich nicht die sozialistische Arbeiterbewegung dem Kampf gegen Religion und Kirche verschrieben? Verhinderte nicht die Religion, das „Opium der Menschen" (Marx) den selbstbewußten Kampf gegen reaktionäre Verhältnisse? Sah nicht gerade die Arbeiterbewegung in den Kirchen eine Institution, die dem Staat und dem Klassengegner ideologisch und politisch bei der Unterdrückung der Arbeiterschaft zur Seite stand? Schließlich galt doch gerade bei gestandenen Sozialdemokraten (und erst recht bei Kommunisten) der Kirchenaustritt als eine Selbstverständlichkeit!
Tatsächlich gibt es aber zwischen der Wiesbadener sozialistischen Arbeiterbewegung und religiösen Gemeinschaften viele Berührungspunkte: Der äußere Anlaß für die Herausbildung der kirchenkritischen „Deutschkatholiken" (Später: Freireligiösen Gemeinden) war ein religiöses Spektakel, das in der Mitte des 19. Jahrhunderts Millionen von Menschen bewegte: Im Trierer Dom wurde 1844 der „Heilige Rock", den Jesus angeblich bei seinem Tode trug, öffentlich ausgestellt. Gegen die von der Kirche zu diesem Anlaß inszenierten Wallfahrten protestierte der katholische Kaplan Johannes Ronge. In den Massenwallfahrten, an denen sich etwa 500.000 bis eine Million „Pilger" beteiligten, sah er einen „Frömmigkeitsrausch". Dieser würde von den Priestern gezielt geschürt, um die ungebildeten, „verdummten" Massen wieder an die katholische Kirche zu binden. Ronges Einschätzung fand im gebildeten Bürgertum, das diese Reliquienverehrung ans „finsterste" Mittelalter gemahnte, breite Resonanz. Im gesamten Deutschen Bund entstand eine organisierte Protestbewegung. Auch in Wiesbaden schlugen die Wellen wegen des „Heiligen Rocks" hoch.
An der Gründung der Wiesbadener „Deutschkatholischen Gemeinde" im März 1845, die sich von diesem reaktionären Spektakel distanzierte, waren zahlreiche stadtbekannte Honoratioren, Fabrikanten, Redakteure, Ratsherren, Rentiers, Buchhändler, Offiziere u.ä. beteiligt.
Eine zentrale Rolle spielte bei diesem religiösen und politischen Protest der Biebricher Hammermüller Bernhard May. May war ein aus dem Hunsrück zugewanderter Müllerbursche, der mit zäher Energie in Biebrich einen modernen Mühlenbetrieb mit angeschlossener Großbäckerei aufgebaut hatte. Ihm wurden später von der Stadt Biebrich die Ehrenbürgerrechte verliehen. May hatte bereits vorher eine mutige demokratische Gesinnung bewiesen: Wegen seiner Beteiligung am Hambacher Fest (1832), der ersten großen Massendemonstration gegen den reaktionären Staat, wurden ihm zeitweise die Staatsaufträge entzogen. Er gehörte neben anderen Biebricher Honoratioren dem ersten Vorstand der deutschkatholischen Gemeinde an, aus der später die Freireligöse Gemeinschaft hervorging.
Als nach der gescheiterten Revolution 1848/49 in vielen Bundesstaaten, nicht jedoch in Nassau, Deutschkatholische bzw. freireligiöse Gemeinden verboten wurden, bildete die Wiesbadener Gemeinde eine Durchgangsstation für zahlreiche geflüchtete Gemeindevorsteher und Sprecher.
Die Freireligiösen Gemeinden standen in Opposition zu den feudal-absolutistischen Verhältnissen. Ihre Mitglieder kämpften bereits vor der deutschen Revolution 1848 für bürgerliche Freiheiten, Demokratie und soziale Rechte; viele Freireligiöse wurden daher vom reaktionären Staat verfolgt, manche ihrer Mitglieder emigrierten z.B. in die USA, wo sie sich mehr politische und religiöse Freiheit erhofften. Sie erlebten in Deutschland ein System, das sie zwar nicht umstürzen, aber doch stark reformieren wollten - aber nicht konnten. Der Austritt aus der evangelischen und besonders aus der katholischen Kirche hatte damals, wie später bei der Arbeiterbewegung, eine eminent politische Dimension. Man dokumentierte damit seine kritisch ablehnende Haltung zu den herrschenden Verhältnissen!
Religion sollte sich nach freireligiöser Auffassung aber auch im alltäglichen Leben zeigen. Sie sollte nicht eine private, innerliche Haltung sein und sich vielleicht im gelegentlichen Gottesdienst erschöpfen, sondern eine tätige Religion sein. Daher schufen viele Gemeinden soziale Unterstützungseinrichtungen, Kindergärten (Fröbel), machten Bildungsangebote für Unterprivilegierte, gründeten Arbeiterbildungseinrichtungen und regten Kulturorganisationen für Arbeiter an.
In den Freireligiösen Gemeinden spielten die Frauen eine erheblich andere Rolle als in der Gesellschaft, denn kennzeichnend für die freien Gemeinden war die demokratische Organisation des Gemeindelebens. Frauen erhielten aktives, später auch passives Wahlrecht. Die Gesellschaft erwartete von den Frauen Frömmigkeit und untergeordnetes, angepaßtes Verhalten. Da man bei den freien Gemeinden viele gesellschaftliche Normen ablehnte, die für den damaligen Staat und die Gesellschaft kennzeichnend waren, stellte man die traditionellen Vorstellungen darüber, wie sich Frauen zu verhalten hätten, ebenfalls in Frage. Die Freireligiösen leisteten daher einen beachtlichen Beitrag zur Frauenemanzipation und zur

Wanderung der Teilnehmer an der Jugendweihe 1918 mit Prediger Tschirn

Frauenbewegung. Die freireligiösen Vorstellungen über die Rolle der Frauen in der Familie, in der Gesellschaft und Politik wurden später ebenfalls von der Arbeiterbewegung übernommen. Allerdings gab es hier verschiedene Konzeptionen: Die gemäßigtere Richtung meinte, daß Frauen über den häuslichen Tätigkeitsbereich hinaus im Sozial- und Erziehungswesen aktiv werden sollten. Die radikalere Richtung hingegen hielt Frauen auch für fähig, Staatsämter und alle von Männern ausgeübten Berufe wahrzunehmen. Die Deutschkatholiken, aus denen die Freireligiösen hervorgingen, gründeten bereits 1850 eine „Hochschule für das weibliche Geschlecht", an der sich Frauen als Erzieherinnen und Lehrerinnen ausbilden lassen konnten.

Vor diesem Hintergrund ist es wenig überraschend, daß in der Wiesbadener Freireligiösen Gemeinde viele Sozialdemokraten und insbesondere sozialdemokratische Frauen organisiert waren (und teilweise noch heute sind.) Daraus erklärt sich auch, daß in den Selbsthilfeeinrichtungen der Sozialdemokratie und in einigen Kulturorganisationen der Arbeiterschaft Freireligiöse recht aktiv sind. Die Geschichte der Wiesbadener Naturfreundebewegung, der Arbeiterwohlfahrt und der Arbeitersamariter bietet dafür einige Beispiele.

Folgenreich war auch ein anderer Einfluß der Freireligiösen auf die Arbeiterbewegung. Im ausgehenden 19. Jahrhundert orientierten sich viele Freireligiöse an der damals aufkommenden Lebensreformbewegung. Lebensreform meinte eine Haltung, die auf eine gesündere, natürlichere Lebensweise abzielte. Dazu gehörte die Kritik am Tabak- und Alkoholkonsum, das Tragen einer Reformkleidung, das „Wandern" in der Natur, abgelehnt wurde das „Ausmarschieren" der bürgerlichen Vereine, insbesondere der mittlerweile reaktionären Turnvereine. In den freireligiösen Gemeinden wie in der Kulturorganisationen der Arbeiterbewegung bildete sich ein neues Verhältnis von Männern und Frauen, in den Jugendorganisationen wurde die damals übliche Trennung von Jungen und Mädchen aufgehoben.

Freireligiöse Jugendweihe (1927)

Die enge Verbindung zwischen der Wiesbadener Freireligiösen Gemeinde und der sozialistischen Arbeiterbewegung wird schließlich noch dadurch dokumentiert, daß ein bedeutender Prediger der Gemeinde, Georg Welker, zugleich Sozialdemokrat war, der mindestens bei den Freireligiösen hohes Ansehen genoß, während er in der SPD eher umstritten war.

Thomas Weichel

Brot und Prügel - Die Wiesbadener Kinderbewahranstalt

Die Zöglinge auf einem Ausflug (um 1900)

Selbst hartgesottene Kantinenköche würden sich schütteln, müßten sie nach diesem Rezept für „Suppenküchen" in der Armenpflege kochen: „Die Zubereitung geschieht auf die Weise, daß um sechs Uhr morgens die weißen Bohnen und die Linsen in den Kessel geschüttet und zum Kochen gebracht werden. Nach neun Uhr setzt man die geschälten und zerschnittenen Kartoffeln, sowie gelbe Rüben, Weißkraut usw. hinzu; gegen zehn Uhr das Mehl von Bohnen, Erbsen usw., nachdem es angerührt worden ist. Während zwei Stunden wird dieses gar gekocht. Während der Zeit läßt man die Zwiebeln etwas in dem Fett oder der Butter braten, und setzt sie mit dem Salz hinzu; später etwas Pfeffer. Um Zwölf Uhr ist alles zu einer gleichförmigen Masse verkocht und eine Suppe fertig, die fast die Dicke eines Breies hat."

Doch die Armen im Herzogtum Nassau hatten keine Wahl und waren wahrscheinlich dankbar für das, was ihnen die mildtätigen Frauenvereine in der ersten Hälfte des 19. Jahrhunderts zubereiteten.
Die staatliche Armenunterstützung in Nassau war auch nach ihrer Reform 1816 nicht in der Lage, die Not vieler Menschen zu mildern. Vor allem in schlechten Erntejahren, etwa 1816/17, drohte die Unterernährung der Armen und Alten in eine Hungersnot umzuschlagen. Die nassauische Regierung versuchte daher, die private Mildtätigkeit nach Kräften zu fördern. Bereits vor 1816 hatten einige Frauenvereine bestanden, so etwa seit 1814 der Rheingauer Frauenverein. Dieser hatte sich die Linderung des Elends zum Ziel gesetzt, das die „Befreiungskriege" gegen Napoleon mit sich brachten. Doch in vielen ländlichen Bezirken des armen Nassau fehlte es an bemittelten Gönnerinnen, die die Vereine hätten unterstützen können.
Günstiger war die Situation in Wiesbaden: Zwar hatte um 1817 die Stadt nur etwa 5000 Einwohner, doch wohnten hier eine ganze Reihe wohlhabender Bürgerinnen und Bürger und insbesondere fast die gesamte gutverdienende Spitze der nassauischen Beamtenschaft.

Der Wiesbadener Frauenverein

So wurde Anfang des Jahres 1817 in Wiesbaden eine Liste zur Gründung eines Frauenvereins in Umlauf gebracht, in der interessierte Frauen für einen festen Beitrag zeichnen konnten. Nach außen wurde der Verein vertreten durch Caroline von Marschall (1783-1840), Ehefrau des nassauischen Staatsministers, Marianne von Schütz (1782-1843), Witwe des Rechnungskammerpräsidenten, Amalie Brodreich (1763-1856), Ehefrau eines pensionierten Hofrates und Marie Freinßheim (gestorben 1850), Witwe eines Wiesbadener Badewirtes.
Schon diese Zusammenstellung deutet an, daß der Frauenverein sich allerhöchster Protektion erfreute. Entsprechend gut fiel das Sammelergebnis aus. Im ersten Halbjahr 1817 erhielt der Verein über 2000 Gulden an Beiträgen und Spenden. Wie hoch im Verhältnis zur Bevölkerungszahl dieses Spendenaufkommen war, zeigt ein Vergleich: Ein Tagelöhner verdiente im Jahr etwa 100 Gulden und für 2000 Gulden konnte man ein akzeptables Wohnhaus bauen. Durch diese hohen Einnahmen brauchte der Verein seine Tätigkeit nicht auf das sporadische Kochen von Suppe zu beschränken. Die Frauen kauften Rohstoffe für mittellose Handwerker und nahmen ihnen gegen den Arbeitslohn die Produkte wieder ab. Durch deren

Wilhelm Lehnen (1993)

Verkauf flossen dem Verein wieder neue Mittel zu.

Einnahmen und Ausgaben des Wiesbadener Frauenvereins wurden 1817 im Nassauischen Intelligenzblatt veröffentlicht und die Erfolge des Vereins als beispielhaft dargestellt.

Die Hilfe des Frauenvereins für die Armen der Stadt dürfte nicht dauerhaft auf so hohem Niveau geblieben sein, zum einen, weil der Schwung der Gründung nicht anhielt, zum anderen, weil die Bedürftigkeit in normalen Erntejahren nicht so hoch war wie in dem Krisenjahr 1816/17. Doch machte der „Pauperismus“ vor dem relativ reichen Wiesbaden nicht halt, immer mehr Arme drängten in den 1830er und 40er Jahren in die Stadt. Der Frauenverein eröffnete 1844 ein Geschäft in der Marktstraße, um die gespendeten Gegenstände und die Arbeitsprodukte der „verschämten Armen“ günstiger verkaufen zu können. In der größten Not des Hungerjahres 1847 gründeten die Frauen eine Suppenanstalt.

Ordnungsliebe, Reinlichkeit, Gehorsam

Waren in dem Frauenverein offensichtlich Frauen aus Adel und Beamtenelite engagiert, so waren es Frauen aus dem „Stadtbürgertum“, die im Vormärz den Jungfrauen- und Mädchenverein ins Leben riefen. Die Vorstandsfrauen dieses Vereins gründeten 1835 die „Kleinkinder-Bewahranstalt“. Zwar gehörten dem Vorstand der Anstalt neben fünf Frauen die gleiche Anzahl Männer an, darunter führende liberale Politiker Nassaus, doch blieb die innere Leitung der Anstalt den Damen überlassen. Den Kindern „unbemittelter Eltern“ sollte hier die rechte Erziehung zuteil werden. Zweck der Anstalt war „frühe Gewöhnung zur Thätigkeit, Ordnungsliebe, Reinlichkeit und Mäßigkeit, sowie zum Gehorsam, zur Verträglichkeit und Wahrheitsliebe als den rechten Grundlagen wahrer körperlicher und geistiger Bildung“.

An armen Kindern hat es dieser Anstalt nie gefehlt, aber auch die Spenden reicher Gönnerinnen und Gönner flossen in beachtlicher Weise. So konnte mit Hilfe des Ehepaares Knoop, damals eine der reichsten Familien in der Stadt, 1882 ein Neubau in der Schwalbacher Straße errichtet werden, in dem schließlich über 400 „Tages- und Hauskinder“ untergebracht wurden.

Blechnäpfe und Blechlöffel

1894 wurde der damals sechsjährige Wilhelm Lehnen in diese Anstalt aufgenommen. Eher militärisch sei es zugegangen, meint er. Die Klagen in den Jahresberichten der Anstalt, mit den Pflegesätzen der Stadt seien die Kinder kaum zu ernähren, kann er auch nach fast einem Jahrhundert lebendig illustrieren. „Morgens gab es eine Tasse Kaffee-Ersatz und ein Stück trockenes Brot“. Nur wenn der Hausvater oder die Hausmutter Geburtstag hatten, war man großzügig: Da

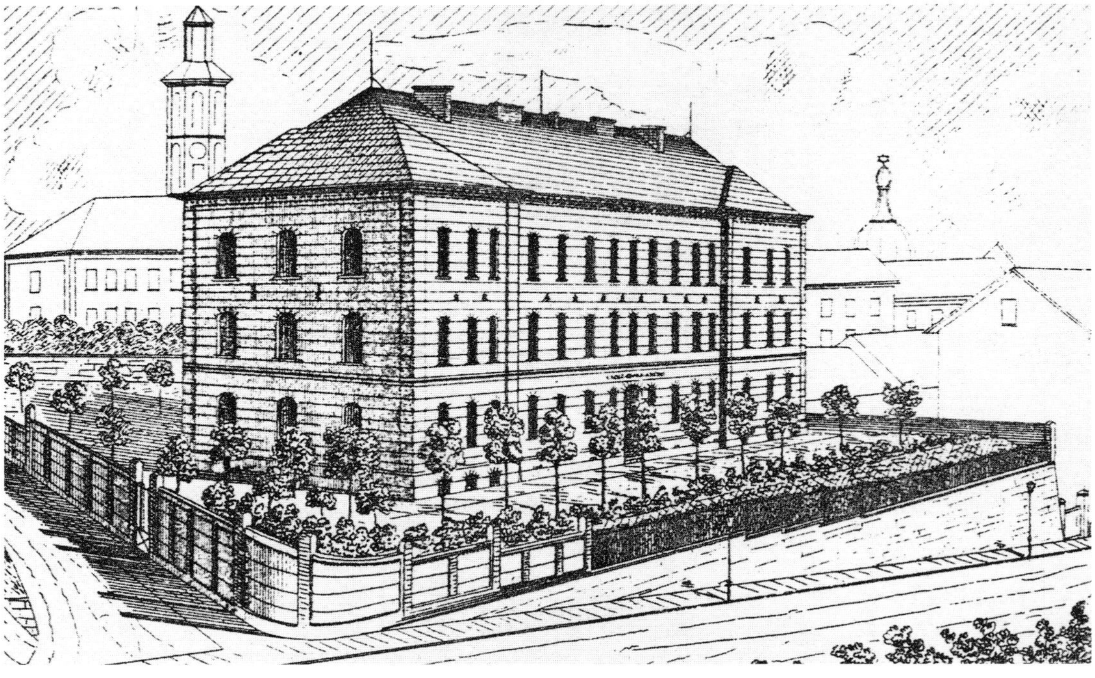

Die Wiesbadener Kinderbewahranstalt in der Schwalbacher Straße, 1887

Die Kinder der Hochstraße drückten mit den „Anstaltskindern" die Schulbank (1912)

gab es auch etwas Butter zum Brot. Messer und Gabel waren unbekannt; sie waren auch nicht nötig, denn es gab jeden Tag Suppe, dafür genügten Blechnapf und -löffel völlig. „Montags gab es Bohnensuppe, Dienstags Reisbrei", doch ganz kann er sich nicht mehr an den wöchentlich wiederkehrenden Speiseplan erinnern, der jahrelang seine Ernährungsgrundlage bildete.
Immerhin kosteten die Damen der besseren Gesellschaft, die das Haus mit Spenden unterstützten, gelegentlich mit einem kleinen Löffel die Suppen auf ihren Geschmack. Essen mochten sie aber nicht davon. Leitung und Vereinsvorstand erhielten an einem quergestellten, erhöhten Tisch ihr eigenes Essen. Was dort übrig blieb, konnten die Kinder haben. „Ich habe selten davon etwas abgekriegt", erzählt Lehnen - verständlich bei etwa 130 Haus- und 200 Tageskindern.
Wem das Frühstück an den butterlosen Tagen nicht reichte, mußte von den Klassenkameraden in der Kastellschule Brot erbetteln. Auch hier waren die „Bewahranstaltskinder" nicht besonders angesehen, erkannte man sie doch nicht nur an ihrer uniformähnlichen Kleidung, sondern auch an dem anstaltstypischen Geruch, den diese ausströmte. Trotzdem hat Wilhelm Lehnen gute Erinnerungen an die Schule. Dort scheint es milder zugegangen zu sein als in der Bewahranstalt, wo der Hausvater morgens vor dem „Frühstück" in einem separaten Zimmer erst einmal die Bettnässer nach allen pädagogischen Grundsätzen durchprügelte. Danach „setzte er sich im Eßsaal ans Harmonium und spielte ein geistliches Lied".
Verlassen hat Lehnen die Kinderbewahranstalt, als seine verwitwete Mutter 1900 wieder heiratete und in einem eigenen Haushalt lebte. Während der fünf Jahre, in denen sie ihr Kind in der „Bewahranstalt" hatte unterbringen müssen, wohnte und arbeitete sie in der Familie eines Wiesbadener Rechtsanwalts - als Kindermädchen!

Wiesbaden im Kaiserreich

Bekanntmachung.

Bedauerliche Zusammenrottungen haben gestern Abend in der Metzgergasse, Marktstraße ꝛc. stattgefunden. Die gesetzliche Autorität wurde verhöhnt, thätlich insultirt und ohne Veranlassung die Polizeidirektion mit Steinen beworfen. Erst requirirte militärische Hilfe konnte dem Gesetz Achtung verschaffen.

Indem auf die schweren Strafen aufmerksam gemacht wird, welche die Theilnehmer an Aufläufen ꝛc. treffen, **werden die Bürger der Stadt in deren größtem Interesse aufgefordert, dahin mitzuwirken, daß solcher Unfug sich nicht wiederholt, und nicht größere Opfer zu beklagen sind.**

Wiesbaden, 29. April 1873.

Der Oberbürgermeister. Lanz.

Der K. Polizeidirector. v. Strauß.

Die Metzgergasse, heute Wagemannstraße, Ausgangspunkt des Brotkrawalls von 1873

Horst Steffens

„Das Brod muß billiger werden!“ Der Wiesbadener Brotkrawall 1873

Als das abgebildete Plakat am 29. April 1873 an den Straßenecken Wiesbadens angeschlagen wurde, hatte die Stadt gerade eine aufregende und turbulente Nacht erlebt.

Was war geschehen? Verschiedene Wiesbadener Brotfabrikanten und Wirte hatten wegen der Brot- und Bierpreise anonyme Drohbriefe erhalten und diese umgehend der Polizei zur Kenntnis gebracht. Unter den Betroffenen befand sich auch der Mühlenbesitzer J.B. Wagemann, der in der Metzgergasse 22 (heute Wagemannstraße) ansässig war.

„Heute geht’s los, und ihr Schutzleute werdet alle todt geschlagen!“

Die Wiesbadener Polizeidirektion nahm die Drohbriefe sehr ernst. Schließlich lag es erst eine Woche zurück, daß die Stadt Frankfurt einen blutigen Bierkrawall erlebt hatte. Deshalb wurden schon am 26. und 27. April die Truppen der Wiesbadener Garnison in Bereitschaft gehalten. Vorläufig schien alles ruhig zu bleiben. Am Montagmorgen jedoch prangte an einer Straßenecke ein Plakat, „welches zur Demolierung und Verbrennung des Wagemannschen Hauses auffor-

Traditionelle Handwerksberufe prägten das Leben in der Metzgergasse

derte“. Vier Schutzmänner patroullierten den Tag über in der Metzgergasse und mußten sich drohende Äußerungen gefallen lassen. Die Situation eskalierte abends gegen 18 Uhr, als sie einen Betrunkenen festnahmen, den drei Tischlergesellen wieder zu befreien versuchten. Da anscheinend die Order zu energischem Durchgreifen gegeben worden war, verhafteten die Schutzleute auch die Tischlergesellen und führten diese dem Arrest zu. „Heute geht's los“, ließen die Festgenommenen die Beamten wissen, „und ihr Schutzleute werdet alle todt geschlagen!“

Von nun an wuchs die Ansammlung erregter Menschen in der Metzgergasse ständig. „Es wurde gepfiffen, geschrien und gegen die Läden geschlagen“, und vielfach erscholl der Ruf: „Das Brod muß billiger werden!“ Alle verfügbaren Schutzleute, siebzehn an der Zahl, wurden an den Ort des „Excesses“ beordert. Eineinhalb Stunden versuchten sie die Menge zum Verlassen der Metzgergasse zu bewegen. Doch selbstbewußt erklärten die Demonstranten den Polizisten: „Wir sind Wiesbadener Bürger und haben das Recht, auf unseren Straßen zu gehen und zu stehen, wo wir wollen.“ Berittener Gendarmerie wurde der Befehl erteilt, die Straße frei zu halten, was ihr erst im dritten oder vierten Versuch gelang. Die Metzgergasse wurde abgesperrt.

Nun setzte sich der Tumult in der Langgasse und der Marktstraße fort. Jede Anordnung der Polizei wurde mit Johlen, Pfeifen und Hohngeschrei beantwortet. Es läßt sich nicht mehr feststellen, ob vor oder nach dem Einsatz der „blanken Waffe“ (Gewehr mit aufgesetzter Bajonettklinge) und den kräftig verteilten „flachen Hieben“ die ersten Steine, Stöcke und Stuhlbeine gegen die Ordnungshüter flogen. Auf jeden Fall entwickelte sich ein reger Straßenkampf, der stundenlang zwischen Marktstraße, Lang- und Metzgergasse, Mauritiusplatz und dem Gebäude der kgl. Polizeidirektion hin und her wogte. Letztere wurde von einer „bedeutenden Abtheilung“ der Demonstranten mit Steinwürfen angegriffen, der kgl. Polizeidirektor von Strauß entging nur „mit knapper Noth einem Wurfe“.

Gegen 9 Uhr abends war die Menge auf ca. 1000 Menschen angewachsen, unter ihnen auch Frauen und Kinder. Die Polizeikräfte kamen dagegen nicht mehr an, „und da fortwährend Widersetzlichkeiten vorkamen, wurde Militär requiriert“. Erst den Angehörigen des in Wiesbaden stationierten 11. Artillerie-Regiments gelang es in den ersten Morgenstunden, mit gezogenem Säbel, aber „ohne einzuhauen“, die Straße zu räumen. Etliche Personen, darunter auch Schutzleute, waren verletzt; 25 „Krawallmacher“ wurden verhaftet.

Unruhiges Leben in teuren Zeiten

Die Presse der Kurstadt berichtete ausführlich über die tumultuarischen Vorfälle und warf den Beteiligten vor, einem böswilligen Gerücht aufgesessen zu sein. „Wie uns mitgetheilt wurde“, so der Rheinische Kurier, „ist an diesem Gerücht jedoch kein wahres Wort, vielmehr von Niemandem an einen Aufschlag des Brodpreises gedacht“. Das entsprach nicht der Wahrheit. Denn nur einen Monat nach dem Brotkrawall wurden die Preise für ein Pfund Mischbrot und ein vierpfündiges Langbrot (Schwarzbrot) um einen Kreuzer erhöht, für das ebenfalls vierpfündige Kornbrot zweiter Qualität mußten gar zwei Kreuzer mehr gezahlt werden. Es war dies seit dem September 1872 die dritte Preiserhöhung, zwei weitere sollten noch im Laufe des Jahres 1873 folgen!

Aber war tatsächlich der Preis des Brotes - neben der Kartoffel die Hauptnahrung minderbemittelter Familien - allein die Ursache des Krawalls? Nein, dies galt für Wiesbaden ebensowenig wie für die mitteldeutschen Marktunruhen 1872, die sich am Butterpreis entzündet hatten, oder die aufsehenerregenden Bierkrawalle 1873. Butter- Bier- und Brotpreise boten jeweils einen konkreten lokalen Anlaß, um eine tiefe Unzufriedenheit zu artikulieren.

Die frühen 1870er Jahre ließen vor allem die wenig bemittelten Bevölkerungskreise spüren, daß das Leben einer aufstrebenden, gerade geeinten und gegen den „Erbfeind“ Frankreich siegreichen Nation immer teurer wurde: Die Lebenshaltungskosten stiegen in schwindelnde Höhe, bedingt durch enorme Preisanhebungen bei Mieten, Lebensmitteln, Bekleidung etc. Nie zuvor war das Leben so teuer gewesen, und erst 30 Jahre später - nach der Jahrhundertwende - wurde erneut das Niveau der Lebenshaltungskosten von 1872/75 erreicht. Nach 1900 jedoch waren solche Preise bei den gestiegenen Löhnen eher zu verkraften. Dabei konnte man in den 1870er Jahren nicht einmal sicher sein, für teures Geld reelle Gegenwerte zu erhalten: Lebensmittel- und Gewichtsfälschungen hatten ihre Blütezeit, am Boom wollte schließlich jeder verdienen.

Das Leben insgesamt war instabil geworden. Die Preise für Grundnahrungsmittel schwankten von Monat zu Monat, manchmal von Woche zu Woche. Auch die Löhne blieben nicht konstant,

Preußische Polizei (um 1910)

sondern waren durch eine Vielzahl von Faktoren (Krankheiten, Militärübungen, Festtage, blaue Montage, nachlassende Arbeitskraft im Alter, sogenannte „Feier"schichten etc.) erheblichen Schwankungen unterworfen. Trotz mehr oder weniger regelmäßiger Auslohnung konnte keine Arbeiter- oder Tagelöhnerfamilie davon ausgehen, jeweils über eine fest kalkulierbare Geldsumme zu verfügen. Zur Erfahrung instabilen Lebens trugen zudem strukturelle Veränderungen in der Arbeitswelt bei. Handwerkliche Berufe gerieten in den Sog der industriellen Fabrikarbeit und waren ihrer Konkurrenz ausgesetzt. „Mobile Elemente" zogen vom verarmenden Land in die Stadt, um hier ihr Auskommen zu finden. Immer häufiger wurden solche Arbeitskräfte nur noch angelernt oder mußten sich als Tagelöhner verdingen.
Daß in solchen, zutiefst verunsicherten Kreisen der Bevölkerung eine latente Gewaltbereitschaft vorhanden war, ließen insbesondere die Tagelöhner wie die Backsteinmacher durch ihre sonntäglichen Messerstechereien, Straßenschlägereien und Kneipenprügeleien für aufmerksame Zeitgenossen erkennbar werden. Gerade die Metzgergasse, in der der Brotkrawall seinen Anfang genommen hatte, war häufig Ort solcher Vorfälle. Auch Gesellen und qualifizierte Arbeiter mußten nun öfters zu dem Mittel des „Strikes" greifen, um ihren erreichten Lebensstandard zu verteidigen oder geringfügige Verbesserungen ihrer Arbeitsverhältnisse zu erreichen. Aus eben diesen Schichten, aus Handwerkern, Tagelöhnern und Arbeitern, hatte sich die „Zusammenrottung" in Wiesbaden rekrutiert.
Aus dem Zusammentreffen solch unterschiedlich motivierter Bereitschaft zum Protest resultierte jene explosive Stimmung in Teilen der Bevölkerung, aus der der Wiesbadener Brotkrawall verständlich wird. Polizeiliche Maßnahmen und gerichtliche Aburteilungen waren die unmittelbaren Reaktionen, mit denen die Obrigkeit die Unruhen zu „bewältigen" versuchte: Nur wenige Tage nach den gewaltsamen Auseinandersetzungen wurden 22 Teilnehmer zu Haftstrafen zwischen drei und 61 Tagen verurteilt.

Kurpark 1905: Der Schriftsteller Gustav Freytag „im Aufbau“

Wolfgang Jung

„Das ist doch nicht mein Genre?“ Der alte Gustav Freytag in Wiesbaden

Zwei von Wiesbadens Denkmälern wird niemand übersehen, der durch das ‘Repräsentationszentrum’ der Stadt geht. Der Platz zwischen den Häusern „Vier Jahreszeiten“ und „Nassauer Hof“ an der Wilhelmstraße wird beherrscht von dem bronzenen Denkmal Kaiser Friedrichs III., der 1888 nach 99tätiger Regierungszeit an Kehlkopfkrebs starb. Als Kronprinz hatte er Wiesbaden mit seiner Familie wiederholt besucht. Das Denkmal am Ende der Kurparks erinnert an den Schriftsteller Gustav Freytag: Er wohnte hier von 1881 bis zu seinem Tode im April 1895. War die Einweihung des Friedrich-Denkmals im Oktober 1897 eine pomphafte Selbstfeier des Kaiserreichs, wurde der Festakt für das Freytag-Denkmal im Mai 1905 zu einer Begegnung von Wiesbadener Honoratioren mit bekannten auswärtigen Schriftstellern und Schauspielern.

Freytag war bis in unser Jahrhundert hinein ein Lieblingsautor des Bürgertums. Sein Werk bot dieser Gruppe Identifikationmöglichkeiten: Der Entwicklungsroman eines Kaufmanns, „Soll und Haben“ von 1855, stellt den deutschen Besitzbürger als Träger allen kulturellen Fortschritts dar. Mit seiner Wochenzeitung „Die Grenzboten“ vertrat er die politischen Ziele eines flügellahmen Liberalismus nach der gescheiterten Märzrevolution: deutsche Einheit hieß Vorherrschaft Preußens, Demokratie war nicht gefragt: Bildungseliten und Kapital sollten entscheiden.

Als Hoffnungsträger für dieses Programm galten der preußische Kronprinz Friedrich und seine Frau Victoria, eine Tochter der englischen Königin. Beide waren Leser der Freytagschen „Grenzboten“. Freytag lernte sie 1860 persönlich kennen. Er sah diesen Kontakt als eine Gelegenheit zu direkter Einflußnahme auf die Zukunft Deutschlands. Freytags Rat und seine Presseverbindungen wurden vom kronprinzlichen Paar in den folgenden Jahren mehrfach in Anspruch genommen.

So ergibt sich zwischen den beiden Denkmälern, die auf der Achse Kaiser-Friedrich-Platz / Kurhaus / Kurpark einander zugeordnet erscheinen, historisch eine direkte Beziehung. Zu einer persönlichen Begegnung in Wiesbaden ist es wohl nur einmal, im Oktober 1883, gekommen. Dies mag allerdings mit den privaten Hintergründen von Freytags Übersiedlung von Leipzig nach Wiesbaden zusammenhängen.

Im Oktober 1875 starb Freytags seit zehn Jahren nervenkranke Frau, er wendete sich seiner Haushälterin Marie Dietrich zu, die zwei Söhne zur Welt brachte, den älteren, Gustav Willibald, bereits im August 1876. Im Dezember dieses Jahres besuchte der Autor, der den Leipziger Winter wegen einer chronischen Bronchitis nicht mehr vertragen konnte, zum ersten Mal Wiesbaden. Sein briefliches Urteil bestätigt das bekannte Bild von der Stadt: „Vor einer Stunde bin ich hier angekommen, und habe auf der stattlichen Promenade viele alte Herren mit grauen Bärten und Krückstöcken gesehen. Das ist doch nicht mein Genre? Dazwischen jüngere Damen mit auffälligen gestreiften Mänteln à la romaine. Auch das nicht mein Genre. Wenns nur zur Gesundheit hilft.“

Doch schon 1877 erwarb er ein Haus an einer ‘Rondell’ genannten Ausbuchtung der Biebricher Straße. Es diente ihm als Winteraufenthalt und vor allem als Wohnung für seine Söhne, deren Mutter und Großmutter - offenbar wollte er die

Das Denkmal Kaiser Friedrichs III. zwischen „Vier Jahreszeiten“ und „Nassauer Hof“ (Postkarte, um 1900)

illegitime Verbindung nicht mehr in Leipzig fortführen. Sie wurde aber spätestens allgemein bekannt, als er sich 1879 zur Ehe entschloß. 1881 erwarb er eine große Villa am damaligen Hainer Weg und zog nach Wiesbaden um.
Berichten zufolge wurde „dem verehrten Sänger deutscher Treue und Keuschheit“ ein solches Privatleben seitens des Kronprinzenpaares sehr verübelt. Freytag seinerseits nahm begierig auf, was ihm an intimen Details und kritischen Ansichten über Friedrich und Victoria zugetragen wurde. Einer seiner Informanten war der Chef der Admiralität Albrecht von Stosch, der zeitweise als Kanzlerkandidat des Kronprinzen galt und ein Weingut in Oestrich besaß. Für Freytags Leben am Rhein war Stosch zunächst der wichtigste Kontakt, ansonsten lebte er sehr ruhig. Er wurde allerdings öfter von alten Bekannten besucht, wenn diese in der Kurstadt weilten. Auch seine zweite Frau verfiel einem Nervenleiden; es verstärkte sich 1884 durch den Tod des zweiten Sohnes derart, daß er sie in eine Heilanstalt bei Koblenz bringen ließ - wiederum weit weg von seinem Wohnort.
Schon vorher hatte Freytag die Wienerin Anna Strakosch kennengelernt, die Frau eines berühmten Rezitators. Das Ehepaar besuchte ihn 1883 mit einem Empfehlungsschreiben des früheren Burgtheaterdirektors Heinrich Laube. Die Bekanntschaft Freytags mit der 31jährigen Frau vertiefte sich durch den Ende 1884 beginnenden Briefwechsel und ihre längeren Aufenthalte in Wiesbaden, während ihr Mann auf Vortragsreisen war. Bald gab Freytag ihr den Namen ‘Frau Ilse’ nach einer Hauptgestalt aus seinem Roman „Die verlorene Handschrift“, die für ihn das weibliche Ideal verkörperte. Die Entscheidung über die Beziehung fiel offenbar in den Sommermonaten 1887, die der inzwischen 70jährige mit Anna in Österreich verbrachte. Danach werden die meisten seiner Briefe zu Liebesbriefen. In Wiesbaden wohnte sie nunmehr in Freytags Villa, nach außen hin als „Lady patroness“ seiner „führerlosen Wirtschaft“. Als Anna für längere Zeit ihrer Mutter wegen nach Wien mußte, blieben ihre Kinder bei Freytag.
Die gesellschaftliche Untragbarkeit des Verhältnisses nötigte beide, die Scheidung ihrer Ehen zu betreiben. Am 10. März 1891 konnte der Schriftsteller schließlich seine dritte Ehe eingehen. Danach öffnete er sich auch in Wiesbaden der Gesellschaft, städtische Honoratioren wurden eingeladen, eine Loge im neuen Theater gemietet. Diese Ehe brachte Freytag ein Lebensglück, das er nicht mehr erwartet hatte; sie erfüllte ihn mit Leidenschaften, die ihm bisher unbekannt geblieben waren. Kraft und Energie zu weiterem poetischem Schaffen brachte er in den letzten Jahren nicht mehr auf. Die Ehrungen zu seinem siebzigsten Geburtstag 1886 bedeuteten fast einen Abschluß: Der erste Band seiner Gesammelten Werke mit den (neuen) „Erinnerungen aus meinem Leben“ erschien, der Kronprinz gratulierte mit einem eigenhändigen Brief, die Stadt Wiesbaden gab der Straße, in der sein Haus lag, seinen Namen.

Idealisierte Darstellung Friedrichs III. änläßlich der Denkmalseinweihung (Postkartenausschnitt)

Es war der Tod Kaiser Friedrichs 1888, der Freytag veranlaßte, nochmals mit einer politischen Schrift an die Öffentlichkeit zu treten. Zunächst beschied er eine Anfrage der Kaiserinwitwe ablehnend, die ihn im Juli 1888 um einen Aufsatz über Friedrich hatte bitten lassen: „ich darf vom Kaiser zu den Deutschen nicht im Hofkleide sprechen". Freytag war auch durch das Gerücht beunruhigt, daß Victoria ihren Witwensitz in Wiesbaden nehmen würde (letzlich entschied sie sich für Kronberg im Taunus), denn er hatte seit längerem eine heftige Abneigung gegen sie entwickelt: ihren angeblichen herrischen Einfluß auf ihren Mann hielt er für politisch verderblich.
So veröffentlichte Freytag 1889 eine kritische Abrechnung unter dem Titel „Der Kronprinz und die deutsche Kaiserkrone". Der maßgebliche Anteil Friedrichs am Zustandekommen des deutschen Kaiserreichs war inzwischen anhand seiner Kriegstagebücher von 1870/71 dokumentiert worden. Freytag bestätigte ihn, führte ihn aber zurück auf einen Hang Friedrichs zu äußerem Glanz, Repräsentation und Etikette. An der Gestaltung des neuen Reiches habe der Kronprinz nicht mitgewirkt, er verbrachte die Zeit „in thatlosem Harren", Ermüdung und wachsende Verstimmung überkamen ihn. Freytag schrieb: „Wäre er mit rüstiger Thatkraft ausgestattet gewesen, so würde er trotz mancher Hindernisse eine Beteiligung an der Staatsregierung auf allen Gebieten durchgesetzt haben, welche dem Vater nicht vorzugsweise am Herzen lagen." Friedrich aber habe es an Unternehmungslust und Geschick zur Verwaltung gemangelt. „Er begann an Geist und Leib zu altern, und schon lange bevor die furchtbare Krankheit an ihm zu Tage kam, durfte man traurend sagen, daß sein Lebensmuth nicht mehr der eines Mannes war, welcher demnächst für seine Nation die Kaiserkrone tragen sollte."
Damit distanzierte sich Freytag auch öffentlich von seinen eigenen früheren Hoffnungen und setzte sich in Gegensatz zu denen, die glaubten, bei einer längeren Regierungszeit Friedrichs wäre dem Reich eine liberale Epoche beschieden gewesen. Entsprechend groß war das Echo auf die Schrift. Neben zustimmenden Zitat-Auszügen etwa im „Rheinischen Kurier" gab es kritische Auseinandersetzungen, sogar in Form eigener Broschüren. Man warf Freytag, der „die Huld des Kronprinzen in besonders hohem Grade genossen" habe, Undankbarkeit und Pietätlosigkeit vor. Der Angegriffene verteidigte sich nicht öffentlich, sondern in privaten Briefen: „Die treuen Deutschen sind in großer Zahl nicht zufrieden, daß ihnen das Idealbild, welches sie sich seit 20 Jahren von 'unserm Fritz' gemacht hatten, verstört worden ist, u. sie sind geneigt, den Störenfried dafür verantwortlich zu machen. Daß ihr Bild unwahr u. daß für den gesammten Liberalismus eine Gefahr geworden ist, wollen sie nicht verstehen." Der 'liberale' Freytag lief nun mit fliegenden Fahnen zu 'Jung Wilhelm' über. Der neue Kaiser übrigens hatte sich die Schrift über seinen Vater zeigen lassen und sich mit deren Veröffentlichung einverstanden erklärt.

Gustav Freytag, Gemälde von Karl Stauffer (Postkarte)

Wolfgang Jung

„Eine neue geistige Epoche" - Heinrich Mann in der Kurstadt

„Ich trete ans Fenster, von wo aus ich, hier draußen vor der Stadt, meinen lieben Taunus erblicken kann. Der Himmel erscheint mit seinem hier und da leicht rot überhauchten Fahlblau klar und fast durchsichtig. Aber die Sonne steht tief hinter den Bergen, welche schwarz, ganz schwarz daliegen. Es wird in Kürze der ganze Horizont diese Farbe angenommen haben. Ich werde hier stehen und die frühen flimmernden Sterne aus dem Dunkel hervortauchen sehen, die ersten Träume der Nacht, welche nun beginnen soll."

Mit dieser symbolisch aufgeladenen Landschaftsbeschreibung endet die erst aus dem Nachlaß veröffentlichte Novelle „Vor einer Photographie" des 21jährigen Heinrich Mann (1871-1950). Zuvor berichtete der Ich-Erzähler, wie er in Wiesbaden eine Beinahe-Geliebte aus Berlin wiedersah und sich vor ihrem Bild ihr Leben, ihren äußeren und inneren Verfall vergegenwärtigte.

Das erwähnte Fenster darf man sich in der Walkmühlstraße vorstellen. Denn hier, im Sanatorium „Lindenhof", hatte Heinrich Mann selbst vom Februar bis Juni 1892 gewohnt, um eine im Januar erlittene Lungenblutung auszukurieren. „Meine Attacke war derart, daß sie in wenig wünschenswerter Weise den Gesamtzustand des Organismus beeinflußte. Der starke Blutverlust führte nicht nur körperliche Schwächung mit sich. Ich konnte in der ersten Zeit nur schwer und nur leichte Sachen lesen, und erst jetzt, nach ca. 7 Wochen, habe ich das Bedürfnis, gelegentlich eigene Gedanken zu fassen und Produktion - in Aussicht zu nehmen" schrieb Heinrich Mann am 6. März 1892 aus dem „Lindenhof" an seinen Lübecker Jugendfreund Ludwig Ewers. Dazu die Familienpsychologin Marianne Krüll in ihrem Buch über die Familie Mann: „Möglicherweise war diese körperliche Reaktion Heinrichs drei Monate nach dem Tod des Vaters [im Oktober 1891] ein Zeichen der Trauer über den Verlust. Heinrich hatte mit dem Vater bis zum Schluß gestritten. Hatte er unbewußt das Gefühl, den Tod des Vaters mitverschuldet zu haben? Die Warnungen des Vaters, sein leichtsinniges, verantwortungsloses Leben aufzugeben, hatte er in den Wind geschlagen. So holte ihn die Krankheit ein, wurde zur mahnenden Körperstimme."

Der Lindenhof in der Walkmühlstraße 61/63 (Postkarte)

In seinem Testament hatte der Vater die Vormünder aufgefordert, „den Neigungen meines ältesten Sohnes zu einer s.g. [sogenannten] literarischen Tätigkeit entgegenzutreten". Der Bericht des alten Heinrich Mann über eine Versöhnung mit dem Vater am Sterbebett war wohl eher ein rückwärtsgewandter Wunschtraum. Allerdings konnte Heinrich nunmehr von den Zinsen seines Erbes leben; er gab seine Stelle als Lektor beim S. Fischer Verlag in Berlin schon vor der Erkrankung auf.

Die Kur im „Lindenhof" war sehr intensiv: „Ich habe hier unglaublich wenig Zeit. Man geht mir mit Luft und Wasser zu Leibe. Zweimal täglich liege ich eine Stunde auf dem verschneiten Balkon, so verpackt, daß ich mich nicht mehr rühren kann. Morgens und abends gibt es kalte Abreibungen. Auch muß ich Billard spielen - par ordre du Mufti, der Bewegung wegen." Die wenige Freizeit nutzte Mann zur Lektüre. Er studierte in Wiesbaden Autoren, die für die Zeit der Jahrhundertwende typisch waren und seine ersten eigenen Werke beeinflußten: den Philosophen Friedrich Nietzsche, den französischen Dichter Maurice Maeterlinck, den dänischen Literaturhistoriker

Heinrich und Thomas Mann im Photoatelier (um 1902)

Georg Brandes und vor allem den französischen Kulturkritiker Paul Bourget, der eine Psychologie des Verfalls auf rassistischer Basis entwickelte. „Frühjahr 1892, während meiner Genesung von der Lungenblutung, begann eine neue geistige Epoche für mich" schrieb Heinrich Mann sechs Jahre später über die Zeit seines Wiesbaden-Aufenthaltes. Anlaß war der Tod des Physikers und Physiologen Heinrich Lehmann, den er im „Lindenhof" kennengelernt hatte. Mit ihm unternahm er die verordneten Spaziergänge, die nachmittags in die „große Welt" beim Kurkonzert führten. Lehmann beeinflußte entscheidend Manns Bild von den Naturwissenschaften: noch fünfzig Jahre später berief er sich in seiner Autobiographie „Ein Zeitalter wird besichtigt" auf ihn.

Auch allgemeine Lebenskenntnis gewann Mann hinzu: „Zudem komme ich hier ... bei dem großen Verkehr mehr als je vorher mit fremdem Leben in Berührung. ... Ich habe schon alles mögliche beieinander, aus hingeworfenen Bemerkungen und längeren Erzählungen, und aus allem zusammen habe ich, durch Kombination und Komposition, ein Frauenrätsel herausgezogen, dessen psychologische Lösung ich aber noch nicht sicher habe". Der Stoff der Novelle „Vor einer Photographie" beruht also auf in Wiesbaden Gehörtem.

Äußere Eindrücke der Stadt Wiesbaden finden sich dagegen in den ausführlichen, aber ganz auf Literatur und Psychologie konzentrierten Briefen an Ewers nicht. Nur Ausflüge in den Rheingau und nach Mainz werden erwähnt. Und geklagt: „Der größte Mangel ist das gänzliche Fehlen von Gelegenheit zu lieben. Kein anständiges Mädchen in ganz Wiesbaden. Ich wollte, ich wäre in Berlin." Mann fuhr schließlich deshalb nach Frankfurt. In der Fremdenverkehrsstadt Wiesbaden hat es aber 1892 zweifellos Prostituierte gegeben; es ist kaum verständlich, warum Heinrich Mann, der schon im Alter zwischen siebzehn und neunzehn einschlägige Erfahrungen in Lübeck gesammelt hatte, sie nicht ausfindig machen konnte.

Es läßt sich nicht nachweisen, daß konkrete Wiesbaden-Erfahrungen über die Novelle „Vor einer Photographie" hinaus für Manns schriftstellerisches Werk fruchtbar wurden. Zwar liegt die Vermutung nahe, daß der 1914 beendete Roman „Der Untertan", Manns satirisches Panorama des Kaiserreichs, mit dem so stark wilhelminisch geprägten Wiesbaden in Verbindung steht. Aber das Konzept für den Untertan entstand erst 1906/07, der junge Heinrich Mann war von seinen späteren demokratischen und linken Positionen noch weit entfernt. Schon in Wiesbaden bezeichnete er sich selbst als „Ultra-Reaktionär". Während seiner Wanderjahre in Italien 1895/96 schrieb er dann Beiträge für die deutschnationale Zeitschrift „Das Zwanzigste Jahrhundert", in denen er antisemitische Ansichten vertrat, für den monarchischen Ständestaat eintrat und die Sozialdemokratie mit Ausfällen bedachte. Die Wiesbadener Lektüre von Bourget und Nietzsche führte zunächst zu diesen Ansichten. Nachdem Heinrich Mann sie als falsch erkannt hatte, konnte er sie umso kundiger darstellen und bekämpfen und damit später zum literarischen Repräsentanten der Weimarer Republik werden.

Hartmann Wunderer

Für Kinder, Soldaten und den Krieg - Die Blücherschule

„Allter waffen gefehrte, verlassen sie die armeh nich, da wihr am sihl [Ziel] sind..." So schrieb der Feldmarschall Blücher auf dem Höhepunkt seiner militärischen Karriere seinem Waffenbruder General Yorck.

Es erscheint wie ein Treppenwitz der Schulgeschichte, daß man just eine moderne Elementarschule nach dem berühmten draufgängerischen Haudegen der Befreiungskriege von 1813/14 benannte, der weder die elementaren Regeln der deutschen Grammatik erlernt hatte noch hinter die Geheimnisse der Rechtschreibung blickte. Maßgebend für diese Namensgebung war wohl eher die Volkstümlichkeit des Generals Blücher, der sich für eine Volksschule eher als Patron eignete als intellektuelle Geister wie Scharnhorst oder der Freiherr vom Stein - um im Umkreis der preußischen Kämpfer gegen Napoleon zu bleiben.

Im übrigen konnten solche kleinlichen Skrupel und Vorbehalte bei der Namensgebung eines Platzes, einer Straße und einer Schule in jener Epoche keine Geltung erlangen, in der die tonangebenden feudalaristokratischen Eliten und der deutsche Kaiser hoffnungsvoll auf neue kriegerische Abenteuer zusteuerten.

Hehre pädagogische Ziele

Die Wiesbadener Stadtgeschichte wie auch die Entwicklung des Deutschen Reiches spiegelt sich in manchen Aspekten unmittelbar in der Geschichte der Blücherschule: Das rapide Wachstum Wiesbadens in der 2. Hälfte des 19. Jahrhunderts nötigte die Stadt zu zahlreichen Schulneubauten. Der Einweihung der Blücherschule am 29.10.1897 wohnten hohe Repräsentanten der Stadt und der Schul- und Bauverwaltung bei. Der Schulinspektor, eine von Lehrern damals gefürchtete hohe Persönlichkeit, beschwor bei der Feier den „hohen erzieherischen Wert schöner Bauformen". Und der Rektor betonte, daß es „in Wahrheit keine mehr rentable Aufwendung als für die Erziehung, den Unterricht der Jugend" gebe.

Bereits am folgenden Tag zogen 24 Knabenklassen mit 1272 Schülern aus der Schule am Markt in die Blücherschule um. Klassen mit 60, 70 oder noch mehr Kindern stellten keine Seltenheit dar. Im Schuljahr 1900/1901 erreichte die Blücherschule mit 1412 Schülern ihre höchste Belegungszahl. Die soziale Situation der Mehrzahl der Zöglinge stand indes im scharfen Kontrast zur Monumentalität und der reichen architektonischen Ausgestaltung des Schulgebäudes, das damals noch am Rande der Stadt inmitten von Wiesen und Äckern lag. Viele Kinder waren auf die Schulspeisung - Grütze und Brot - angewiesen und auf die Kleider, die begüterte Bürger zu Weihnachten spendeten.

Schule als Ort politischer Indoktrination

Im Widerspruch zu hehren erzieherischen Idealen standen aber auch die faktischen Zwänge, denen pädagogische Veranstaltungen im Kaiserreich unterlagen, galten doch gerade die Schulen als die maßgeblichen Instanzen zur Vermittlung der „richtigen" politischen Gesinnung. Die Schulfeiern aus der Zeit der Jahrhundertwende sprechen eine deutliche Sprache, ihre Botschaft war unmißverständlich. Dem Festprogramm anläßlich der Hundertjahrfeier der sogenannten Befreiungskriege z.B. lag folgendes Programm zugrunde:

1. Gesang: Ich bin ein Preuße
2. Einleitende kurze Ansprache des Rektors
3. Vortrag eines Schülers:
   a) Napoleons Zug nach Rußland 1812
   b) Das klägliche Ende der großen Armee
4. Gedichtvortrag: Das Franzosenheer 1812
5. Vortrag eines Schülers: Die Erhebung Preußens
6. Gesang: Lützows wilde Jagd
7. Gedichtvortrag:
   a) Aufruf an mein Volk
   b) Des Krieges Denkmünze
8. Vortrag eines Schülers:
   a) Die Einsegnung der Freiwilligen
   b) Die Opferwilligkeit des preußischen Volkes
   c) Die ersten Freiheitskämpfe
9. Gedichtvortrag:
   a) Die drei Gesellen
   b) Auf Scharnhorsts Tod
10. Gesang: Was blasen die Trompeten
11. Der Trompeter an der Katzbach
12. Vortrag eines Schülers: Die Schlacht bei Leipzig
13. Die Leipziger Schlacht
14. Gesang:
   a) Ich hatt' einen Kameraden
   b) Morgenrot
15. Vortrag eines Schülers: Des Krieges Ende
16. Schlußwort des Rektors
17. Gedichtvortrag: Mein Vaterland
18. Gesang:
   a) Treue Liebe bis zum Grabe
   b) Deutschland, Deutschland über alles

Man kann heute nur noch darüber spekulieren, wieviel Unterrichtszeit für die Vorbereitung derartig aufwendiger patriotischer Feiern draufging, welche Stimmung im Unterricht von den Lehrerinnen und Lehrern erzeugt werden mußte, damit die Schüler sich mit diesen chauvinistischen Inhalten identifizierten. Und dann gab es ja auch noch die in den Schulen feierlich und festlich begangenen Kaisergeburtstage und anderes mehr.

Eine Festung im Westend: Die Blücherschule um 1900

Krieg: Kinder und Schulen werden zur Manövriermasse

Insofern war es nur konsequent, daß die schöne Blücherschule mit ihrem repräsentativen Vorplatz bald nach dem Kriegsbeginn 1914 in eine Rekrutierungskaserne umgewandelt wurde. Als kleiner Junge beobachtete Karl Korn die „Tränen der Jungvermählten“:

„Vom Blücherplatz herüber...drangen mehrfach am Tage die Klänge des niederländischen Dankgebets ‘Wir treten zum Beten vor Gott den Gerechten’. Dann kamen die jungen Infanteristen in Viererkolonnen durch die Straßen und hatten auf den Spitzhelmen schon feldgraue Überzüge. In den Gewehrläufen steckten Sträußchen frischer Sommerblumen, und nicht wenige junge und alte Frauen samt Kindern suchten mit den Kolonnen Schritt zu halten. Es schmetterte und trommelte, und die Hurras der Männer der mittleren Generation am Straßenrand erfüllten die Sommerluft. Aber es wurde auch viel geweint...“

Betroffen von den Einberufungen war auch das Kollegium der Blücherschule: Neun Lehrer wurden sofort zum Militär eingezogen; die ohnehin bereits übergroßen 25 Klassen wurden zu 20 zusammengezogen und in mehrere andere noch

Die Blücherschule heute

nicht beschlagnahmte Schulen ausquartiert. Nur das Amtszimmer des Rektors blieb zunächst in der Blücherschule. Sinnfälliger kann der Vorrang militärischer Interessen vor anderen gesellschaftlichen Ansprüchen kaum zum Ausdruck kommen. Im Herbst 1917 gestattete das in der Blücherschule untergebrachte Garnisonskommando des Ersatzbataillons Reserve-Infanterie Regiment 80 der Stadt Wiesbaden großzügig, den Keller des Gebäudes zum Zwecke der Kartoffellagerung zu benutzen ...

Die Sieger und die Schulen

Es war auch konsequent, daß die Siegermächte des Ersten und Zweiten Weltkriegs viele Schulen - und jedesmal war auch die Blücherschule betroffen - beschlagnahmten. So diente in der Weimarer Republik das Gebäude der in Wiesbaden bestgehaßten Siegermacht Frankreich als Kaserne für die Besatzungstruppen. Vergeblich suchte die Elternschaft Wiesbadens 1920 um eine Freigabe nach: Die Kinder müßten überlange Wege in andere Schulen zurücklegen, bei der gegenwärtigen allgemeinen Unterernährung, dem schlechten Schuhwerk und der dürftigen Bekleidung ein unerträglicher Zustand. Zu diesen gesundheitlichen Schäden komme noch die Verrohung der allein gelassenen Kinder. „Der Nachmittagsunterricht muß durch die Unterbringung zweier Schulen in einem Raume im Sommer bis 6 1/2 Uhr, im Winter bis 5 1/2 Uhr ausgedehnt werden. Tausende von Kindern müssen infolge dieses Notbehelfs im Winter in der Dunkelheit den weiten Heimweg antreten. Dieser Umstand hat für die gesamte Schuljugend, besonders aber für die Mädchen, große sittliche Gefahren im Gefolge." Im übrigen wäre auch der Unterricht in völlig überfüllten Räumen ein schwerer Mißstand... Die Besatzungsmacht zeigte sich von solchen Klagen nicht sonderlich beeindruckt.

Erst im April 1926 wurde die Blücherschule von der (jetzt englischen) Besatzungsmacht freigegeben. Sie blieb aber zunächst fest verschlossen, bis Auseinandersetzungen über Art und Umfang der erforderlichen Sanierungsmaßnahmen abgeschlossen waren. Die Stadt hatte die Wiederherstellungsarbeiten durchzuführen, das Deutsche Reich mußte sie bezahlen. Deshalb beauftragte Wiesbaden erst einen „objektiven Sachverständigen, der nicht in städtischen Diensten steht", eine umfassende Aufnahme der durch die 12jährige Zweckentfremdung entstandenen Schäden zu erstellen. Das kostete wieder Zeit.

Im Jahre 1931 konnten endlich Mädchen der Bleichstraßenschule in die Blücherschule einziehen.

Nach dem Zweiten Weltkrieg legten US-Truppen ihre Hände auf das durch Bombenangriffe teilweise zerstörte Gebäude. Im Schuljahr 1950/51 kehrten dann auch die Jungen in die Schule zurück, allerdings noch räumlich getrennt von den Mädchen. Die Koedukation in der Blücherschule begann erst in den 60er Jahren.

Pädagogische Träume?

Heute ähneln die Schulfeste der Blücherschule eher großen Kindergeburtstagen. Eine neue pädagogische Hoffnung? Nimmt man kindliche Ansprüche ernst, können gesellschaftliche Verhältnisse freier, friedlicher und humaner werden. Die Schule dient dann nicht mehr ohne weiteres den Ansprüchen von überkommenen Eliten und deren Macht- und Herrschaftsinteressen, sondern einer demokratischen Gesellschaft, in der Kinder eigene Rechte und Ansprüche haben. Der noch zu Beginn des 20. Jahrhunderts als Nationalheld gefeierte General Blücher mit dem kindlichen Gemüt wird sich deswegen kaum im Grab umdrehen....

Gegen „Schundlöhne“ und „Pesthöhlen“ - Streik der Bäckergesellen 1899

Ein bescheidenes Frühstück schien Wiesbadens Bürgern und Gästen am Sonntag, den 8. Oktober 1899, von den hiesigen Bäckergesellen bereitet zu werden: erstmals seit Jahrzehnten drohte ein Sonntagmorgen ohne frische Brötchen, denn die gewerkschaftlich organisierten Gesellen waren am Vorabend in den Streik getreten und hatten beschlossen, die Backöfen kalt zu lassen. Doch statt von verstörten Brötchenliebhabern berichtete die Lokalpresse am folgenden Montag davon, „daß die Konsumenten von dem Streik bisher nichts wahrgenommen haben, weder das Brod noch die Brödchen ausgeblieben“ waren. Kein Grund zur Aufregung also?

Auch wenn kein Versorgungsmangel an Backwaren auftrat, schlug der Bäckergesellenstreik hohe Wellen: im Verlaufe dieses 10tägigen Arbeitskampfes, den die im „Verband der Bäcker und Berufsgenossen Deutschlands“ organisierten Gesellen gegen die Bäcker-Innung und den von den Meistern abhängigen „Gehülfen-Ausschuß“ führten, kam Unglaubliches an die Öffentlichkeit. Nicht nur manchen Konsumenten blieb das Brot im Hals stecken, sondern auch Gewerbeaufsicht, Polizei, Staatsanwaltschaft und der Zentralvorstand der deutschen Bäckergewerkschaft sahen sich zu hektischen Aktivitäten veranlaßt.

Skandalöses aus den Backstuben

Als ihr Streik so unglücklich begann und sich auch in den folgenden Tagen nicht so recht ausbreiten wollte - die Quellen sprechen von 69 bis 138 Streikenden in Wiesbaden und Umgebung, das waren etwa 15-30 % der insgesamt Beschäftigten, und von 37 betroffenen Betrieben bei einer Gesamtzahl von 148 Bäckereien und Konditoreien -, begannen die Gesellen ihre vermeintlich schärfste Waffe einzusetzen: die Veröffentlichung ihrer Erhebungen zu den Zuständen in den hiesigen Bäckereien. Fünf Gesellen einer Bäckerei in der Metzgergasse etwa berichteten: in „der Mehlkammer befindet sich ein Abortrohr, ... neben diesem Rohr stand das Mehl, von welchem Brödchen gebacken wurden; bei dem Ausleeren des Mehles fand sich nun, daß das Abortrohr zerplatzt war; durch die Feuchtigkeit hat sich nun das Mehl zu einem Ballen zusammengeballt, es wurde aber doch mit dem anderen reinlichen Mehl vermischt.“ In Wiesbaden mochte solches ein bedauerlicher Einzelfall geblieben sein, aber zahllose Zeitungsnotizen, Kommissionsberichte und Reichstagsdebatten hatten in den 1890er Jahren öffentlich werden lassen, daß ähnliches überall in deutschen Bäckereien geschah. Ebenso verhielt es sich mit den weiteren Enthüllungen der Wiesbadener Gesellen: die Brötchentücher würden zu selten gereinigt, in manchen Bäckereien erst nach Monaten oder gar nach 1 - 1 1/2 Jahren, und die Arbeitsräume glichen „zum größten Theile Pesthöhlen“. Die Gesellen-Schlafräume befänden sich in einem Zustande, daß man sagen könne, „daß die Pferdeställe der ostelbischen Großgrundbesitzer besser sind“. Mangelnde Lüftung, seltene Reinigung und nur alle 2-3 Monate ein Wechsel der Bettwäsche ließen einen gesunden Aufenthalt kaum zu: „Benutzt werden die Betten in 9 Bäckereien von 2 Personen, in zwei Bäckereien von mehreren abwechselnd, und in einer wird des Nachts das Bett noch vom Hausburschen benutzt, ein anderer muß das Bett mit einem Blasenleidenden teilen.“

Über 100 Bäckereien und Konditoreien gab es um 1900 in Wiesbaden

Unter solchen Lebensbedingungen fiel es natürlich doppelt ins Gewicht, unter Mißachtung gesetzlicher Vorschriften ständig zu 16 oder gar 18 Stunden Arbeit pro Tag angehalten zu werden. Erlaubt und die Regel waren damals etwa 13 1/2 Std. Arbeit an 7 Tagen die Woche während des ganzen Jahres, wobei den Bäckermeistern mannigfaltige Möglichkeiten zu unbezahlten (!) Überstunden gegeben waren. Für diese Anstrengungen erhielten die Bäckergesellen oft „Schundlöhne" von nur 4-5 M. die Woche, wenn sie, wie die meisten von ihnen, beim Meister in Kost und Logis lebten. Ihre Kost aber nannten die Gesellen schlicht „miserabel". Und die Lehrlinge, die ja ein ehrbares Handwerk erlernen sollten, würden vom Meister als Hausburschen benutzt.

Neben sozialen, gesundheitlichen und arbeitsrechtlichen Mißständen monierten die Gesellen vor allem den Arbeitsnachweis (d.i. die Arbeitsvermittlung), der selbstherrlich von den Meistern auch politisch benutzt werde: „In letzter Zeit aber werden Gehilfen, welche dem Deutschen Bäckerverband angehörten, durch den Arbeitsnachweis nicht mehr eingestellt." Alles in allem, so scheint es aus der Perspektive der Gesellen, bewahrheitete sich zu Wiesbaden 1899, was Karl Marx im „Kapital" zu den englischen Bäckereien um die Jahrhundertmitte geschrieben hatte: „Kein Industriezweig ... hat (eine) so altertümliche, ja ... vorchristliche Produktionsweise bis heute beibehalten als die Bäckerei."

Auch für den Wiesbadener Polizeipräsidenten stand fest, daß die „aufgestellten Behauptungen keineswegs als vollkommen unbegründet zu bezeichnen und die darin gerügten Mißstände wenigstens vor Beginn des Ausstandes in zahlreichen hiesigen Bäckereien vorhanden gewesen" seien. Selbst eine heute so ehrwürdige Institution wie das Cafe Maldaner erwies sich bei eiligen Stichproben als in der „Sauberkeit nicht tadellos" und sogar die Bäckerei des Innungsobermeisters Sattler in der Taunusstraße 17, von dessen sechs Gesellen drei streikten, fiel der Gewerbeinspektion als nur „mäßig sauber" auf.

Kleinbetriebe mit nur wenigen Hilfskräften prägten das Bäckergewerbe um 1900. Hier Bäckermeister Schinner, Eltviller Straße, mit Frau

Streik für ein menschenwürdiges Leben

Die Forderungen der Gesellen widerspiegelten ihre deprimierende Lage: bei Einhaltung eines Maximalarbeitstages von 12 Stunden verlangten sie Minimalwochenlöhne von 7-11 M.; Überstunden müßten zukünftig mit 30 Pfg. vergütet werden. Endlich wollten sie teilweise zurückhaben, was ihrer Vorfahren Recht gewesen war: bis in die Mitte des 19. Jahrhunderts nämlich war der Sonntag in der Regel arbeitsfrei gewesen, turnusmäßig sorgte immer nur eine Bäckerei für frische Backwaren. Seitdem sich jedoch die Konkurrenz im Bäckerhandwerk dramatisch verschärft hatte, waren schließlich alle Betriebe dazu übergegangen, ununterbrochen frisches Brot und Brötchen zu liefern, gerade auch an den damals noch dreitägigen Hauptfesten des Jahres, an Ostern, Pfingsten und Weihnachten. Nun forderten die Gesellen eine „vollkommene Ruhe am 2. Feiertage eines hohen Festes früh 8 Uhr bis zum Abend des 3. Feiertages". Schließlich streikten sie für eigene Betten, Stühle, Waschschüsseln und verschließbare Kleiderschränke, für einen Tisch in den Schlafräumen und 2-3 frische Handtücher pro Woche.

Berechtigt waren diese Forderungen allemal. Trotzdem schlossen sich ihnen bei weitem nicht alle Gesellen an. Ein starkes Lohngefälle - Tarifverträge waren im Bäckerhandwerk noch unbekannt - beeinträchtigte die Solidarität. Und die Meister taten das ihre, um die Zersplitterung der Gesellenschaft zu fördern: einzelne, vor allem die Brotfabrikanten, erfüllten die Forderungen oder boten Teilzugeständnisse an, andere verweigerten den Streikenden noch ausstehende Löhne, so daß die, „welche mittellos waren, aus Noth die Arbeit wieder aufnahmen".

Schon zu Beginn des Streiks hatte es, trotz der Solidaritätsbekundungen des Wiesbadener Gewerkschaftskartells und eines Vertreters des Zentralvorstandes der Bäckergewerkschaft, keine wirkliche Grundlage für die euphorische Mutmaßung gegeben, „daß in kaum acht Tagen ein event. Ausstand schon zu seinem guten Ende geführt sein könnte". Als der zentrale Gewerkschaftsvorstand unter Hinweis auf die ungünstige Jahreszeit und einen im nächsten Frühjahr geplanten Rhein-Main-Bäckerstreik dem Wiesbadener Arbeitskampf seine Anerkennung verweigerte, wurde aus der hiesigen Bewegung plötzlich ein „wilder Streik" unter Führung einer jungen, noch unerfahrenen Lokalorganisation. Zwar gab es schon früher gewerkschaftlich organisierte Bäcker in der Stadt, aber erst im Mai 1899 scheint sich auf Initiative zugewanderter Gesellen eine stabile Mitgliedschaft gegründet zu haben.

Lebhaft ging es vor und während des Streiks zu: Versammlungen mit mehr als 150 Teilnehmern

Das Gasthaus „Zur Einheit" von R. Apel galt als „Sozi-Kneipe", Ecke Michelsberg/Gemeindebadgäßchen

waren keine Seltenheit, eine Lohnkommission und ein eigener Arbeitsnachweis im Gasthaus Apel wurde eingerichtet, in der Zentralherberge im Gemeindebadgäßchen tagte ein permanentes Streikbüro. Die Polizei verhaftete Flugblattverteiler und Streikposten, einige Meister stellten Strafanzeigen. Vor allem der Innungsvorstand verweigerte sich jeglicher Verhandlungen und verwies auf den bestehenden, politisch zuverlässigen und friedlichen Gesellenausschuß. Die Bäckerinnung erkannte nämlich in der Gewerkschaftsbewegung die Gefahr, daß das überkommene, noch zünftlerische System der Konfliktregulierung verloren gehen würde. In dieser gewerkschaftsfeindlichen Grundhaltung - der Innungsobermeister etwa drohte, „daß sämmtliche organisierten Bäcker rausfliegen" würden - verteidigten die Meister vor allem den von ihnen kontrollierten Arbeitsnachweis. Neben dem Kost- und Logiswesen war dieser der entscheidende Stützpfeiler jenes patriarchalischen, „vorsündfluthlichen Systems, welches jedes Mitbestimmungsrecht des Arbeiters über seine Arbeitskraft ausschließt, welches die vollständige Bevormundung des Gehülfen bedeutet".

Erst diese alltägliche Verknüpfung von Gesellenarbeit und Gesellenleben mit dem Meisterhaushalt ermöglichte jene schier grenzenlose Belastung der Beschäftigten, die nicht zuletzt für deren Gesundheit schwerwiegende Folgen haben konnte: Bäcker galten als überdurchschnittlich anfällig für Haut- und Geschlechtskrankheiten und verzeichneten eine erhöhte Sterblichkeit infolge von Tuberkulose und rheumatischen Erkrankungen. Alles das, schrieb ein fachkundiger Zeitgenosse, „macht aus dem Bäcker jenen bleichen, saft- und kraftlosen, übernächtigt und unzufrieden dreinschauenden Gesellen, der mit jedem Jahr, das er länger unter diesen Arbeitsbedingungen verbleibt, an geistiger und körperlicher Elastizität einbüßt."

Lohn der Mühen?

Am 18. Oktober beschlossen die Wiesbadener Bäckergesellen, in „Anbetracht der noch geringen Anzahl von Ausständigen und der trotz der Ungunst der Verhältnisse wider Erwarten günstigen Resultate", den Streik zu beenden. Hatte sich ihre Mühen tatsächlich gelohnt?

Nur 25 Bäcker in der Stadt und 12 Bäcker in Biebrich, Dotzheim, Schierstein und Sonnenberg hatten die Gesellenforderungen bewilligt, so daß nun 78 Gesellen unter den neuen Bedingungen arbeiten konnten. Auch daß ihnen nun 3 Freinächte pro Jahr zustanden, war ein Fortschritt. Aber in der entscheidenden Frage war noch kein Durchbruch gelungen: Die Zusage der Meister, den Maximalarbeitstag von 12 Stunden einzuhalten, war weitgehend wertlos, da sie weiterhin zahlreiche Überstunden ohne Entlohnung verlangen konnten. Und gerade in der Frage des Arbeitsnachweises ließ sich die Innung nicht das Heft aus der Hand nehmen.

Trotzdem neigte sich nun die Zeit der unbeschränkten Innungsherrschaft im Wiesbadener Bäckergewerbe ihrem Ende zu. Als die Meister nach dem Streik ihren Gesellenausschuß neu zu beleben versuchten, scheiterten sie kläglich. Das wachsende Selbstbewußtsein der Gesellen ließ sich am Ende des 19. Jahrhunderts auch in Wiesbaden nicht mehr in zünftlerische Vorstellungen einpassen, vielmehr hatte nun die gewerkschaftliche Arbeiterbewegung ihren Fuß in die Backstuben gesetzt.

Burkhard Fuhs

Auf der Promenade der Rheinstraße

Die Rheinstraße/Ecke Wilhelmstraße (Postkarte, um 1900)

„Glücklich bin ich
angekommen in dem Badorte hier,
Und der Wirt heißt mich willkommen,
Aber du, du fehlest mir."

So oder so ähnlich, könnte der Liebesgruß auf dieser Ansichtskarte gelautet haben, den einer der rund 130.000 Kurgästen um 1900 aus Wiesbaden nach Hause schickte. Gereimte Grußkarten waren damals keine Seltenheit. Die Ansichtskarte aus der Kur war um die Jahrhundertwende fast zur Pflicht für jeden Kurgast geworden. Von Wiesbaden gab es zahllose fotografische Postkarten, die die Schönheiten der Stadt zeigten. Sie wurden nicht nur in Deutschland verschickt, sondern auch von Engländern, Franzosen, Amerikanern, Spaniern oder Italienern in alle Welt versandt und verbreiteten das Glanzbild der Kaiserstadt als größter Kurstadt des Reiches.

Postkarten brachten aber nicht nur Grüße den Lieben daheim, sie sind auch als Souvenirs gesammelt worden. Sie zeigten voller Stolz, daß man sich in der Kur eine schöne Zeit machte und man sich an einem besonderen Ort aufhielt, an den andere nur mit Neid denken konnten.

Die Ansichtskarte zeigt nicht eine der Hauptattraktionen Wiesbadens wie die Wilhelmstraße, das Kurhaus, den Kurgarten oder den Kochbrunnenplatz. Trotzdem gehört die Rheinstraße, deren Perspektive hier abgebildet ist, zu den typischen Postkartenansichten von Wiesbaden.

Ein genauer Blick auf das Bild offenbart die Exklusivität der Straße: Rechts im Bild ist eine vierstöckige klassizistische Häuserfassade mit reichverzierten Balkonen zu sehen. Die ausgedehnten herrschaftlichen Villenviertel Wiesbadens blieben den reichen Bürgern vorbehalten, die ärmere Bevölkerung lebte in den Wohngebieten im Westen und Norden der Stadt. In der Rheinstraße und Umgebung war um die Jahrhundertwende die Wiesbadener Mittelschicht zu Hause. Diese Familien verdienten ihren Lebensunterhalt in Verwaltung und Gewerbe, sie wohnten je nach Einkommen in einer einfacheren Etagenwohnung oder in der luxuriösen Belle Etage. Die Häuserfront weist nach Süden, wir sehen an die Schaufernstern der Geschäfte und an einigen Wohnungsfenstern heruntergelassene Markisen. Vor den Geschäften verläuft ein breiter Fußgängerweg. Die Straße ist kunstvoll gepflastert, auch ein deutlicher Hinweis für eine vornehme Straße. Erst wenn man sich vor Augen führt, daß die ungepflasterten Straßen sich bei Regenfällen teilweise in Morastbahnen verwandelten, kann man den Komfort und den „Fortschritt" dieser Straße einschätzen. In die Fahrbahn eingelassen sind die Schienen der Straßenbahn, dem modernsten innerstädtischen Verkehrsmittel der damaligen Zeit. Ab 1876 fuhren in Wiesbaden die ersten Pferdebahnen. 1889 wurde eine zweite Straßenbahn eingerichtet, die die Kurgäste von den drei Bahnhöfen, die im Süden an der Rheinstraße auf dem Gebiet der heutigen Reisinger- und Herbert-Anlagen standen, über die Rheinstraße, Kirchgasse, Langgasse und Taunusstraße bis in die Röderstraße im Norden der Stadt brachte. 1901 wurde die Straßenbahn elektrifiziert und 1906 ersetzte die Stadt ihre alten Bahnhöfe durch den neuen Hauptbahnhof. Pferde blieben aber während der gesamten Kaiserzeit bis in die 20er Jahre noch die zentrale Antriebskraft in Wiesbaden. Auf der Postkarte sieht man im Vordergrund vor einem Geschäft der Rheinstraße ein Pferdefuhrwerk und im Hintergrund der Straße sind Droschken zu sehen, die an festgelegten Plätzen der Stadt auf Fahrgäste warteten. Typisch für die Kaiserzeit war, daß das gesamte Alltags-Leben von einem Drei-Klassen-Denken, von arm und reich, bestimmt wurde. So waren nicht nur die Wohnviertel, die Hotels oder die Restaurants stets nach Preiskategorien gestaffelt, sondern auch die Droschken fuhren Gäste erste und zweiter Klasse; und wer es sich leisten konnte, mietete als Kurgast eine eigene zweispännige Kutsche oder fuhr - was ganz selten und exklusiv war - in einem Vierspänner mit „lautlosen" Gummireifen durch die vornehmen Straßen der Stadt. Daß die Rheinstraße um 1900 zu den vornehmsten Straßen Wiesbadens gehörte, läßt sich nicht nur an den Häusern ablesen: Auch die Breite der Straße, der Bürgersteig und vor allem die Promenade, die auf der linken Seite der Postkarte zu sehen ist, zeugen von der Exklusivität dieser Allee. Die Rheinstraße gehört zu einer Reihe von Alleen- und Ringstraßen, die Ende des 19. Jahrhunderts angelegt oder ausgebaut wurden und die Wiesbaden zu einer Kurstadt von hoher Attraktivität als Wohnstadt und Aufenthaltsort für ein reiches, zahlendes Publikum machen sollten.

Während die Viertel der arbeitenden Bevölkerung abseits des Kurviertels mit engen, baumlosen Straßen geplant und gebaut wurden, entstand in den vornehmen Vierteln eine Bebauung aus Villen, Alleen und breiten Prachtstraßen. Die Stadt unternahm alles erdenkliche, um reiche Bürger als Rentiers nach Wiesbaden zu holen und ihnen eine schöne, bequeme und gesunde Umwelt zu bieten. Der Neue Kurprospekt von Wiesbaden, der um 1900 für Wiesbaden als Wohnsitz wirbt, zählt eine Reihe von Vorteilen auf, die die Stadt neben Steuervergünstigungen bot. Dazu gehörten die Heilquellen, das milde Klima, die Nähe zum Wald und zur Natur, die frische Luft und das klare Quellwasser, das speziell für die besseren Viertel bereitgestellt wurde. Hervorgehoben wurden auch die Hygienemaßnahmen in der Stadt, die unterirdische Schwemmkanalisation und die regelmäßige Straßenreinigung und Müllabfuhr.

Die Rheinstraße wird im Neuen Kurprospekt der Kaiserzeit folgendermaßen beschrieben: „Zu den vornehmsten Verkehrspromenaden gehören die Rheinstraße und die Wilhelmstraße, zwei äußerst elegante, boulevardartig angelegte Straßenzüge mit großartigen Hotels und Kaufläden aller Art. Die Rheinstraße, fast 1 km lang und mit einer doppelten Baumreihe bepflanzt, findet ihren Abschluß nach Westen durch die vom Baurat Otzen erbaute mit zwei Türmen versehene Ringkirche". Die Rheinstraße mit ihren Geschäften und der Ringkirche im Flucht- und Blickpunkt der Straße sollte zum Bummeln einladen. Die doppelreihige Platanen-Allee, die Abends beleuchtet war - die Laternen sind auf dem Foto links und rechts der Straße zu sehen - gehörte zu einem System von Fußgänger-Promenaden und Reitwegen, die sich durch die ganze Stadt zogen, die der Kurstadt ein südliches Flair verleihen sollten und die „besseren" Viertel mit der Innenstadt und dem Wald an den Taunushängen verbanden.

Schon im 18. Jahrhundert waren solche Alleen zunächst vor allem in den Mode-Kurorten der Aristokratie entstanden, später finden sie sich in allen größeren Städten. Sie dienten zunächst der körperlichen Bewegung bei der Trinkkur und waren der soziale Mittelpunkt der Badeorte. Berühmt war bespielsweise die Allee von Pyrmont, von der es hieß, daß sich dort im 18. Jahrhundert die gekrönten Häupter Europas träfen.

Die Promenade war auch in Wiesbaden um 1900 der Ort, wo sich die gute Gesellschaft der Kurgäste zur Schau stellte. Unter schattigen Bäumen, die ein gärtnerisches Dach bildeten, und die die Lustwandelnden vor Hitze und Wind schützen sollten, traf man sich, sah und wurde gesehen. Das Gehen auf der Promenade entwickelte sich zu einer besonderen Weise der Fortbewegung. Man ging nicht einfach, man promenierte, schritt würdevoll einher, ging „spazieren". „Der Gute Ton" von 1895 beschreibt das richtige Gehen auf der Promenade seinen lernwilligen Lesern und vor allem Leserinnen wie folgt:

„Beim Gehen befleißige man sich eines gemessenen, harmonischen Schreitens und hüte sich vor dem Laufschritt; er steht besonders Damen schlecht. [...] Der Gang der Damen sei anmutig und leicht, derjenige der Herren fest und sicher, ohne schwerfällig zu werden. [...] Jeder bewege sich ruhig und gelassen vorwärts".

Die Promenierenden grenzten sich mit ihrer besonderen Art des Gehens von der arbeitenden Bevölkerung ab, die oftmals die umgrenzten Promenadenalleen nicht einmal betreten durften, und stellten Müßiggang und Luxus schon durch den gemessenen Schritt - von der Kleidung ganz zu schweigen - zur Schau. Die Ansichtspostkarte der Rheinstraße zeigt deutlich die unterschiedlichen Fortbewegungsarten zu Fuß. Die Personen auf der Straße machen beispielsweise große ausgreifende Schritte, die auf eine schnelle, zügige Bewegung schließen lassen. Im Promenadenbereich unter den Bäumen auf der linken Seite des Bildes dagegen sind die Bewegungen mäßiger: unter dem Blätterdach finden sich gemächliche Spaziergänger, einige sitzen auf Bänken, im Vordergrund steht ein Mann mit Spazierstock und sommerlichem, kurtypischen Hut, den Bauch nach vorne herausgestreckt, und blickt interessiert die Fassade auf der anderen Straßenseite an. Offensichtlich ein Kurgast, der durch Wiesbaden schlendert, der Zeit hat und sich Zeit läßt, die Schönheiten der Stadt zu genießen.

Interessant für den heutigen Betrachter ist, daß die Aufteilung der Straße in einen Fahrbereich (Kutsche, Droschke, Straßenbahn) und in einen Fußgängerbereich (eine für die damalige Zeit moderne Straßenanlage), nicht im heutigen Sinne von den Passanten genutzt wurde: die schnelleinhergehende Frau mit Kind bewegte sich wie selbstverständlich mitten auf der (Fahr-)Straße wie viele andere Fußgänger auch, anscheinend blieb der Promenadenweg vornehmlich den Kurgästen mit ihrem müßigen Tempo vorbehalten. Ein Bild, das man heute, bei dem dichten Autoverkehr so in Wiesbaden nicht mehr sehen kann.

Die Promenade war für die Kurstädte des 19. Jahrhunderts von besonderer Bedeutung. Noch um 1800 von anspruchvollen Gästen immer wieder von den Kurbetreibern gefordert, gehörten

Die Straßenbahn wurde 1901 elektrifiziert. Im Hintergrund die Ringkirche

Spazierwege im Verlaufe des 19. Jahrhunderts bald zum Standard aller Kurorte und wurden um 1900 immer noch in Kurführern als bemerkenswerte, schöne und angenehme Einrichtung hervorgehoben.
Auf den Promenaden, das läßt sich aus Anstandsbüchern um 1900 ablesen, galten anderen soziale Regeln als an vielen anderen Orte der Kaiserzeit. Auch Frauen, deren öffentliches Leben in der Kaiserzeit sehr restriktiv eingeschränkt war, genossen auf den Kurpromenaden etwas mehr Freiheiten als anderswo, sie durften hier beispielsweise langsamer gehen und sogar stehen bleiben, ohne gleich als „leichte Mädchen" abgestempelt zu werden und ihre Ehre zu gefährden. Und wenn Frauen geraten wurde, sich trotzdem und um keine Mißverständnisse aufkommen zu lassen, nicht zu aufreizend auf die Promenade zu begeben und stets die Begleitung anderer Frauen zu suchen, „so wird durchaus statthaft sein, daß auch Damen - natürlich nicht ganz junge Mädchen - sich auf der Kurpromenade bei kleinen Spaziergängen von Herren, mit denen sie bekannt geworden, begleiten lassen". Die Kurstädte waren immer auch ein Heiratmarkt für Alleinstehende jeden Alters, und nicht selten kam man sich auf einer kleinen Promenade näher.
Für viele Kurgäste aus der Mittelschicht war die Promenade gleichbedeutend mit dem Flair der großen, weiten Welt, den man auch als nicht ganz so reicher und vornehmer Kurgast schnuppern konnte. Viele hofften, einmal eine leibhaftige Prinzessin, einen Grafen oder gar den Kaiser selbst zu sehen, der sich in den Kurorten besonders volksnah gab.
So mischten sich - vor allem in Romanen und Erzählungen - die sozialen Klassen auf der Promenade, und die Alleen wurde oftmals als ein Heiratsmarkt für Paare mit ungleicher sozialer Abstammung gesehen. In der Regel aber hielt sich die soziale Vermischung in Grenzen. Mag auch so mancher Kurgast aus kleinen Verhältnissen von der Teilhabe an der guten Gesellschaft und vom sozialen Aufstieg - nicht zuletzt durch einen großen Gewinn in der Spielbank - geträumt haben, die gute Gesellschaft blieb, wie Thomas Mann in seinem Felix Krull beschreibt, doch unter sich:
„Mit dem gesellschaftlichen Verkehr, der sich uns dort, wie an anderen Plätzen bot, war wenig Ehre einzulegen. Die in der Umgebung Ansässigen mieden uns wie gewöhnlich; die vornehmen Fremden kargten mit sich und verhielten sich abweisend, wie das im Wesen der Vornehmheit begründet ist, und was sich uns zu Anschluß und Gemeinsamkeit darbot, war nicht vom Feinsten."

Der deutsche Kaiser auf dem Korso (aus: Über Land und Meer, 1876)

Wolfgang Jung

„Der lieben, guten, alten Zeit“ – Kaspar Kögler und das „alte Wiesbaden“

Frühling ist es, das Deutsche Reich gerade fünf Jahre alt. Kaiser Wilhelm I. stattet der ehemals nassauischen Kurstadt wieder einmal einen Besuch ab. Er läßt sich auf der Wilhelmstraße sehen, nicht in Uniform und hoch zu Roß wie später sein Enkel Wilhelm II., sondern bürgerlich-privat, in Gehrock und Zylinder, in offenem Pferdegespann, die Tochter Luise, Großherzogin von Baden, an seiner Seite. Und die ganze Stadt mit ihren Kurgästen jubelt ihm zu, teils fahren oder reiten sie im Korso mit, teils säumen sie den Straßenrand. Der Monarch wird mit Blumensträußchen geradezu überschüttet. Der Zeichner der Familienzeitschrift „Über Land und Meer“ hält das Ereignis mit Blick auf den Bowling Green fest. Die klassizistischen Säulenhallen des Zaisschen Kurhauses und der Neuen Kolonnade bilden einen Rahmen für das Menschengewimmel. Platanen und Parkbäume zeigen, wie Kunst und Natur im Zusammenklang in Wiesbaden die Bühne für die Selbstdarstellung der kaisertreuen Gesellschaft abgeben. Aber während der Kaiser im Mittelpunkt steht und aller Augen auf ihn gerichtet sind, gibt es im Vordergrund einige detailliert ausgeführte Bürgerporträts zu sehen - und einen erstaunten kleinen Hund.

Kaspar Kögler, der hier einen Kaiserbesuch fest-

So portraitierte sich Kaspar Kögler (1838-1926) selbst

hält, wie er bald zum regelmäßigen Höhepunkt der Wiesbadener Saison wurde, ist 1867 in die Stadt gezogen und bleibt hier bis zu seinem Tode 1923. Geboren wurde er 1838 in Molsberg im Westerwald als eines von acht Kindern einer Kleinbauernfamilie. Der dortige Schloßherr, der nassauische Staatsminister Karl Wilderich Reichgraf von Walderdorff, erkannte sein künstlerisches Talent und schickte ihn 1856 an die Münchner Akademie, wo Kögler bei Moritz von Schwind zeichnen lernte. Er ging dann in den Alpenländern auf Wanderschaft und erhielt Aufträge zur Ausmalung von Kirchen.

In Wiesbaden traf Kögler nach seinen eigenen Worten „für meine Zwecke auf eine günstige Zeit“: Die „aufblühende Stadt“ begann „in das Stadium zu treten, wo sie der bildenden Kunst bedurfte. Und da außer mir ... niemand hier lebte, den man zu diesem Berufe hätte heranziehen können, so fielen mir die nötig gewordenen Arbeiten sozusagen von selber in den Schoß.“ Er schuf zahlreiche Honoratiorenporträts und als Hauptwerke die Wandmalereien im Ratskeller und die Deckengemälde in Zuschauerraum und Foyer des Theaters, die man heute teils im Original, teils in Rekonstruktionen sehen kann. Außerdem unterhielt Kögler von 1869 bis 1890 ein Atelier und eine Mal- und Zeichenschule in dem Postgebäude Schützenhofstraße 3. Später lebte er in der Adolfsallee 7, wo eine Gedenktafel mit Porträtrelief an ihn erinnert. Kögler blieb bis ins hohe Alter hinein für seinen Lebensunterhalt auf Aufträge angewiesen, die er dank seines großen Ansehens in Wiesbaden in ausreichender Zahl bekam.

Charakeristisch für Köglers Werk, dessen Bedeutung er selbst nüchtern und kritisch einschätzte, ist eine rückwärtsgewandte Geisteshaltung. Kögler erscheint nicht wie ein Maler der Jahrhundertwende, sondern wie einer der Jahrhundertmitte, ein Weggefährte von Carl Spitzweg und Ludwig Richter. Die moderne Malerei, vor allem der Expressionismus, war für ihn „ein rotes Tuch“, und er stemmte sich im Nassauischen Kunstverein gegen sie, in Übereinstimmung mit den meisten Mitgliedern.

Als zeichnender und schreibender Chronist Wiesbadens orientierte Kögler sich nicht an der Gegenwart, sondern an einer idealisierten nassauischen Vergangenheit. Er trauert dieser Zeit der kleinen „Häuschen“ im Tal und der noch unbebauten Hügel im „Naturgewand“ nach. Über Ansprüche und Geiz der zugezogenen reichen Rentiers macht er sich in einem Spottgedicht lustig. Es ist ein ebenso amüsantes wie treffendes Zeitdokument:

Wenn ich einmal ein Rentner wär'
Mit wohlgefüllter Truhe,
Dann hätt' ich keine Sorge mehr,
Als die für meine Ruhe.

Dann würd' ich ringsum auf der Welt
Diejenige Stadt erfragen,
Die für das kleinste Steuergeld
Sorgt' für mein größt' Behagen.

Und wenn ich die gefunden hätt' -
natürlich wär's Wiesbaden -
Ließ meine Köchin und mein Bett
Ich gleich dahin verladen.

Geehrt, wie hier der Rentner ist
Bei allen Kunz und Hinzen,
Verknuspert' ich als Mensch und Christ,
Hier meine schöne Zinsen.

Und alles, was mich irgend stört
Im Bummel, Schlaf, Verdauen,
Dafür würd' ich, wies sich's gehört,
Den Magistrat verhauen.

Die Straße müßt' gepolstert sein
mit Roßhaar oder Federn,
Und alles Fuhrwerk, groß und klein,
Müßt' geh'n auf Gummirädern.

Die Hunde, die uneinigen,
Die müßte tot man schlagen,
Und jeder - bis auf meinigen -
Müßt einen Maulkorb tragen.

Der Leierkastenmann, der müßt' -
Dies wär' mein erst Verlangen,
In vierundzwanzigstündiger Frist
An einem Baume hangen.

Ein Ungewitter, Blitz und Sturm,
Dürft' keinesfalls passieren;
Die Glocken auf dem Kirchenturm,
Die müßte man wattieren.

Und wenn ich auf dem Straßendamm
Einmal den Fuß' tät' netzen,
dann ließ ich gleich ein „Meer von Schlamm"
ins Tageblättchen setzen.

Und wenn ich mal mit einem Baum,
Bespitzt, karambolierte,
Dann hätt' ich keine Ruh' im Traum,
Bis ihn die Stadt rasierte.

Doch träf' mich dann ein Sonnenstrahl,
Dann würd' ich eklig werden:
„Für Schatten sorgen nicht einmal
Die städtischen Behörden!"

Er müßt' mir seh'n nach Aug' und Mund,
Aufmerksam und geduldig,
Wie ein getreuer Pudelhund -
Denn das wär er mir schuldig.

Doch spräch er dann das Wörtchen: Zahl!
Dann würd' ich ihm was pfeifen;
Ich ließ' mir ein für allemal
Nicht an den Beutel greifen.

Merk' dir's, mein lieber Magistrat:
Das würd' ich tun, auf Ehre!
Wenn ich, behüt' dich Gott in Gnad',
Einmal ein Rentner wäre.

Ich paßte dir auf Schritt und Tritt,
Jawohl, so wär' ich einer;
Doch sei getrost und forcht' dich nit.
Ich werd' mein Lebtag keiner! -

Köglers Vorliebe für das Kleine und für die Natur stand durchaus im Widerspruch zu dem Monumentalismus, dem barockisierenden Prunk im Wiesbaden der Gründerzeit und des Wilhelminismus. Wenn er entsprechende Aufträge bekam, paßte sich Kögler allerdings an. So gestaltete er für eine Hochzeitsfeier im Hause des Fabrikanten Rudolf Dyckerhoff - der Wagner-Villa am Biebricher Rheinufer - Kartons mit Szenen aus Wagner-Opern. Andererseits wurden die Wandmalereien, mit denen er 1873 den Festsaal der Casino-Gesellschaft geschmückt hatte, später mit Motiven im Makartstil verdeckt. Aber im allgemeinen kam die scheinbar unzeitgemäße Eigenart Köglers gut an. Das Wiesbadener Bürgertum ließ sich gern in die Zeit des Biedermeier von 1815 bis 1848 versetzen, als die Stadt selbständiger Regierungssitz mit einem immer präsenten Herzog war und die Welt im ganzen überschaubar und „in Ordnung" schien.

Viel gekauft wurde ein Büchlein, das Originalzeichnungen der Ratskellerbilder von Kögler und dem Münchner Maler Heinrich Schlitt mit erläuternden Texten und Versen enthält. Dort heißt es über den von Kögler dargestellten Uhrturm, der nach seinem Abriß 1873 zu einem Symbol für das „alte Wiesbaden" und die nassauische Zeit wurde:

Da steht er eckig, schief und breit,
Wie er im Leben stand -
Gott tröst' ihn in der Ewigkeit!
Ich hab ihn noch gekannt.
Ein ächter, alter, deutscher Thurm,
Schmucklos und ohne Tand,
Wie trotzend er in manchem Sturm
Und Ungewitter stand.
Er sank; da gab es ein Geklags
und Weinen rings umher;
Denn so wird doch mein Leb-des-Tags
Gebaut kein Uhrturm mehr.
Und wie er sank mit einem Plumps,
Vom Zeitgeist überrannt,
Da sank des alten Bürgerthumbs
Letzter Repräsentant,
Der „Virre" sprach mit Herzeleid:
Da geht das letzte Stück
Der lieben, guten, alten Zeit
Und kehrt nicht mehr zurück.

Das „alte Bürgerthumb", die „Virre", waren Vertreter alteingesessener Wiesbadener Familien, die von den „Hargeloffenen", den Kurgästen und Rentiers, förmlich überrannt wurden. Diese verlangten Bauten mit Verzierungen und Erkern - der Uhrturm dagegen war „schmucklos und ohne Tand", „ächt" und „deutsch" in Sinne von bieder, treu. Der Natur bot der Turm Widerstand, dem Zeitgeist unterlag er.
Kögler und seine Anhänger unter den Wiesbadener Bürgern kamen mit dem rasanten Wandel der Lebensverhältnisse nicht zurecht, der im neunzehnten Jahrhundert begann. Sie konnten sich auf den Prozeß der Modernisierung nicht einstellen. Die schnelle Veränderung, die die Lebenswelt inzwischen prägt, erschien Kögler als Verfall

Familienausflug zum Geisberg (aus: Nassauische Heimatblätter, 1914)

und Unordnung. Er beschwor die „Zeit, wo der Großvater die Großmutter nahm," auch in einem Bild vom Familienausflug zum Geisberg und gab dabei zu verstehen, daß er die technische Entwicklung zurückdrehen wollte: „Kein Zahnrad knarrt, kein Dampfroß pufft, kein Rauch durchqualmt die reine Luft." 1922 wurde für Kögler dann die Kaiserzeit selbst zu dem „Anno dazumal, da die Menschheit ihre fünf Sinne noch einigermaßen beieinander hatte".

Thomas Weichel

Fritz Kalle - Sozialreform, „Weltpolitik“ und Unternehmerinteresse

„Ein jeder Stand hat seinen Frieden, ein jeder Stand hat seine Last.“ So lautet das Motto des Kapitels „Unternehmer und Arbeiter“ in Fritz Kalles Schrift „Wegweiser ins wirtschaftliche Leben“.
Fritz Kalles Denken war ständisch geprägt. Die da unten, die sollten Arbeiter bleiben und sich in Fleiß und Gehorsam üben. Eine Auffassung, die er mit vielen bürgerlichen Zeitgenossen gemein hatte. Doch in einem Punkt hob er sich von ihnen ab: Die „soziale Frage“, das seit Beginn der Industrialisierung immer wieder diskutierte Problem der Verelendung und Proletarisierung breiter Bevölkerungsschichten, war für ihn mehr als nur ein Stammtischthema. Sozialpolitische Betätigung rangierte für Kalle vor dem Familienunternehmen in Biebrich, obwohl er diesem seinen großen Wohlstand verdankte.
Geboren in Paris am 12. Januar 1837 - sein Vater hatte dort für etliche Jahre ein Geschäft - durchlief Fritz Kalle nach der Rückkehr seiner Familie nach Deutschland zunächst eine siebenjährige Ausbildung zum preußischen Bergbaubeamten. 1865, nach dem Tod des Vaters, trat er in die Leitung der chemischen Fabrik in Biebrich ein, die sein jüngerer Bruder Wilhelm und sein Vater zwei Jahre zuvor gegründet hatten. Eher „Seiteneinsteiger“ denn eigentlicher Firmengründer übernahm er in dem noch kleinen Unternehmen kaufmännische Aufgaben.
Fritz Kalles politische Karriere begann im Jahr 1873, als er von der Nationalliberalen Partei für die Wahl zum preußischen Landtag aufgestellt wurde und dieses Mandat auch erhielt. Während der Wahlperiode zeigte sich jedoch, daß sich die Leitung eines ständig expandierenden Unternehmens und die parlamentarische Tätigkeit im fernen Berlin nicht miteinander vereinbaren ließen. Kalle gab nach Ablauf der Mandatszeit zunächst der Firma den Vorzug und kandidierte nicht wieder. Aber bereits 1879 stellte er sich - angeblich auf Drängen seiner nationalliberalen Freunde - erneut erfolgreich zur Wahl. Zwei Jahre später schied Fritz Kalle endgültig aus der Firma aus und führte bereits mit 44 Jahren das Leben eines reichen Rentiers. Er verlagerte seinen Wohnsitz und Lebensschwerpunkt von Biebrich nach Wiesbaden, wo er erfolgreich das Bürgerrecht beantragte. Aus dieser Position heraus war es ihm Ende 1881 möglich, in einem oberhessischen Wahlkreis erfolgreich für den Reichstag zu kandidieren. Dieses Mandat verlor er erst wieder in der Reichstagswahl von 1890 - gegen einen Antisemiten, dessen christlich-soziale Partei in Oberhessen eine ihrer Hochburgen hatte.
An seinem politischen und gesellschaftlichen Standort ließ Kalle nie Zweifel aufkommen: So trat er für das Sozialistengesetz ein, auf Grund dessen die sozialdemokratische Partei zwischen 1878 und 1890 verfolgt wurde, focht im Reichstag für eine Stärkung der Rüstung, insbesondere der Marine. Immer und überall war er ein Verkünder der Lehre vom freien Unternehmertum und der privaten Initiative, als Vorstandsmitglied des Mittelrheinischen Fabrikantenvereins ebenso wie als Mitbegründer des „Vereins zur Wahrung der Interessen der chemischen Industrie Deutschlands“.
In der Verteidigung des Kapitalismus als Gesellschaftsform unterschied sich Kalle gewiß nicht von anderen Unternehmern - allenfalls dadurch, daß er seinen Standpunkt besonders engagiert vertrat. Auch die Wohlfahrtseinrichtungen in der Biebricher Chemiefabrik wie z.B. Pensionskasse oder Firmenkrankenkasse, die z.T. noch während Fritz Kalles Zugehörigkeit zur Firmenleitung entstanden, lassen sich mit Unternehmerinteressen erklären: Gerade die Chemieindustrie, die bei der Einführung solcher Sozialeinrichtungen voranging, war darauf angewiesen, die extrem hohe Fluktuationsrate innerhalb der Belegschaft - bedingt durch den hohen Anteil ungelernter Arbeiter sowie die ebenso gesundheitsschädliche wie anstrengende Arbeit - zu senken.

Fritz Kalle (1837-1915)

Kalles sozialpolitisches Engagement ging weit über die betriebliche Ebene hinaus. Bereits 1871 war er an der Gründung der „Gesellschaft zur Verbreitung von Volksbildung“ beteiligt, zu deren Vorsitzenden der Führer der Genossenschaftsbewegung Hermann Schulze-Delitzsch gewählt wurde. 1879 rief Kalle den „Verein zur Förderung des Wohls der Arbeiter Concordia“ ins Leben. Ein Hauptziel dieses reichsweiten Vereins mit Sitz in Mainz war u.a. die statistische Erfassung des Bedarfs der Arbeiterfamilien. Kalle stand ihm 20 Jahre lang als Vorsitzender vor.
Nach seinem Ausscheiden aus dem Reichstag

Zwischen Bebel und Bembel - Wiesbadener Arbeiter um 1912

wurde Fritz Kalle auf kommunaler Ebene in Wiesbaden aktiv. Noch 1890 wurde er zum ehrenamtlichen Stadtrat gewählt und prägte von dieser Position aus die Sozialpolitik der Stadt. Viele bürgerliche Hilfsvereine und städtische Sozialeinrichtungen wie etwa die städtische Mütterberatungsstelle und die Säuglingsmilchanstalt oder auch das System ärztlicher Kontrollen der Schulen und der Schüler - alsbald als „Wiesbadener System“ von anderen Städten übernommen - gehen wesentlich auf seine Initiative zurück. Sein Engagement in zahlreichen Ehrenämtern überforderte seine Leistungskraft und zwang ihn 1903 als Stadtrat zurückzutreten. Bereits im Jahr danach wurde Kalle, der bis zu seinem Tode 1915 in einigen Vereinen weiterhin aktiv blieb, zum Ehrenbürger der Stadt Wiesbaden ernannt.

Ein selbstloser Philanthrop?

Keineswegs, Fritz Kalle war ein Unternehmer und Sozialpolitiker, der sah, daß die rücksichtslose Ausbeutung der unteren Klassen eben auch den sozialen Frieden gefährdete, damit zugleich die Grundlagen des bürgerlichen Systems selbst in Frage stellte. Repression allein war nach Kalles Überlegungen nicht zur Abwehr revolutionärer Gefahren geeignet. Vielmehr bedurfte es der Verbesserung der materiellen Grundlagen der Arbeiterschaft sowie deren Bildung und Erziehung mit dem Ziel, sie zu einem stabilen Element der Gesellschaftsordnung zu machen. Die Zielrichtung der Kalle'schen Sozialpolitik zeigt sich auch darin, daß der erwähnte „Concordia"-Verein aus dem Mittelrheinischen Fabrikantenverein heraus gegründet wurde. Mit dieser Initiative grenzte sich Kalle zugleich von den Reformbestrebungen der linksliberalen „Kathedersozialisten" ab, die sich z.T. im „Verein für Socialpolitik" organisiert hatten. Insbesondere den angeblich radikalen Hochschullehrern in diesem Verein warf er vor, daß sie mit ihren überzogenen Forderungen die nötigen kleinen Schritte zu einer sozialen Reform eher blockierten.

Den Arbeitern selbst wollte Kalle zwar nicht völlig die Mitwirkung versagen - sie sollten durchaus ihre innerbetrieblichen Sozialkassen unter einer Oberaufsicht des Unternehmers selbst verwalten können - aber eine wirkliche Interessenvertretung in einem gewerkschaftlichen Sinne wollte ihnen Kalle nicht zugestehen. So ist es nur folgerichtig, daß Fritz Kalle seinen Einfluß auf kommunaler Ebene dafür einsetzte, die Arbeiterbewegung z.B. aus der Arbeitsvermittlung durch die Gründung eines privaten Vereins herauszudrängen.

Ein Schönredner im Dienste der Unternehmer?

Keineswegs, seine Forderung nach einer „Sozialen Mobilmachung", so der Titel einer programmatischen Schrift, traf die Unternehmer auch am Geldbeutel: Kalle forderte die Anhebung der Massenkaufkraft - und dies bedeutete höhere Löhne für die Arbeiter. Sie sollten soviel verdienen, daß auch ihre Familien gesichert davon leben und eine eigene Lebensvorsorge betreiben konnten. Da für Kalle aber der gewerkschaftliche Weg - Arbeitskampf etc. - nicht in Frage kam, mußte er an die Einsicht der Unternehmer appellieren. Die Kommunen sollten der Privatwirtschaft den Weg weisen, indem sie die Löhne ihrer Arbeiter anhoben und ihre sozialpolitischen Leistungen ausweiteten.

Kochlehrküche in der Volksschule am Schulberg um 1908

Natürlich läßt sich die Wirkung eines Sozialpolitikers kaum in Mark und Pfennig berechnen, ebensowenig läßt sich die Wirkung Kalles auf das Bewußtsein von Arbeitern wie Unternehmern im Einzelnen nachweisen. Aber seine zahlreichen kleinen Lebenshilfe-Schriften über richtige Ernährung (Wie erhält man sich gesund und erwerbsfähig?) und seine belehrenden Broschüren mit wirtschaftlichen Ratschlägen blieben nicht ohne Wirkung, zumal sie in sehr hohen Auflagen - oft kostenlos - durch Sozialeinrichtungen verteilt wurden. Einige Kapitel aus Kalles wirtschaftlichen Wegweisern wurden sogar in die Schulbücher der Zeit übernommen. Kalles Vorstellung von einem starken Nationalstaat war das Bindeglied zwischen seiner offensiven Vertretung der Unternehmerinteressen und seiner Forderung nach einer aktiveren Sozialpolitik sowie einer besseren Erziehung der Arbeiter. Ein klares Bekenntnis zur Nation, eine Bereitschaft, deren Interessen auch mit der Waffe zu vertreten - nicht zufällig sprach Kalle im Reichstag außer zur Sozialpolitik fast nur noch zu Fragen des Militärs - konnte nur dann den Arbeitern abverlangt werden, wenn diesen auch ein Platz in der Nation eingeräumt wurde.

Wandergruppe der Sozialistischen Arbeiterjugend Sonnenberg (1929)

Hartmann Wunderer

Hoffnungen und Träume: Die Arbeiterkultur

Volkstanzgruppe der Sozialistischen Arbeiterjugend (1923)

Der heutige Wiesbadener, der die großbürgerliche Fassade der Stadt genießt, wird es kaum für möglich halten: Auch in Wiesbaden gab es einmal eine sich sehr selbstbewußt artikulierende proletarische Kulturbewegung, die sich deutlich von der bürgerlichen abzuheben suchte. Diese Arbeiterkultur ist freilich dem kollektiven Gedächtnis fast völlig entschwunden.
Obgleich die Arbeiterbewegung in Wiesbaden auf eine lange Tradition zurückblicken kann - 1867 gilt als Gründungsjahr der Wiesbadener Sozialdemokratie -, waren die besonderen lokalen Bedingungen, unter denen sich diese politische Strömung formierte, eher ungünstig: Das im ausgehenden 19. Jahrhundert aus dem ländlichen Umfeld zuwandernde Proletariat bildete zwar auch in Wiesbaden ein beachtliches Potential, aber die Hoffnungen, an dem Aufstieg Wiesbadens zur Kulturmetropole zu partizipieren, waren womöglich ausgeprägter als in anderen damals entstehenden Ballungszentren.
In den Hinterhöfen und Mansarden jenseits der Ringbebauung gab es kein einheitliches Sozialprofil. Neben zahlreichen Witwen, Alten, Dienstboten und Dienstmädchen, „kleinen“ Angestellten und Arbeitern existierten hier vielfach auch Handwerker, die die Hoffnung beflügelte, an den ökonomischen Segnungen der wilhelminischen Gesellschaft teilhaben zu können. Ähnliches gilt für die Angehörigen der „neuen“ Mittelschichten. Ausgeprägte Proletarierviertel mit der ihnen eigenen Kultur gab es in Wiesbaden allenfalls im Bergkirchenviertel, in der „Hilf“ und natürlich in den erst später eingemeindeten Orten Dotzheim, Biebrich und Schierstein. Die Wahlergebnisse für die sozialistischen und kommunistischen Parteien erreichten nicht so eindrucksvolle Werte wie etwa die in mittel- oder westdeutschen Industriestädten. Gleichwohl erhielten SPD und KPD nach 1918 zusammen fast immer mehr als 30% der Wählerstimmen. Parallel zur Entwicklung der politischen Arbeiterbewegung entfaltete sich seit der Jahrhundertwende eine organisierte Arbeiterkultur. Alle wichtigen Arbeiterkulturorganisationen waren in Wiesbaden aktiv und besonders während der Weimarer Republik vielseitig tätig: Arbeitersport- und vor allem verschiedene Arbeitersängervereinigungen (unter anderen der „Volkschor“, „Bruderbund“ und „Vorwärts“), Gruppen der Freidenker- und Naturfreundebewegung, ein Arbeiter-Schachverein, sozialistische Kinder- und Jugendgruppen, von denen besonders die Sozialistische Arbeiterjugend sehr rege war. Sie organisierten ihre Unternehmungen oft in Verbindung mit benachbarten Gruppen - etwa aus Frankfurt oder Offenbach.

„Mit uns zieht die neue Zeit“

Ein Höhepunkt in der Geschichte der Wiesbadener Arbeiterkulturbewegung war der Arbeiterjugendtag vom 18./19. Juni 1921. Einige zeitgenössische Aussagen zu diesem großangelegten Treffen illustrieren den Geist, die Ziele, Hoffnungen und Widersprüche dieser Bewegung:
„Jugend ist Leben! Frisch und heiß pulsierendes Leben. Es sprudelt, braust, gärt. Besonders in unserer Arbeiterjugend. Sie ist der Kraftspender, die Kraftquelle der kommenden Zeit. Das ist die große Hoffnung unserer Wirrnis.“ Mit diesen hymnischen Sätzen begrüßte die sozialdemokratische Volksstimme den aus ganz Nassau nach Wiesbaden angereisten Nachwuchs der Partei. „Nicht zum Konzil, nicht zum streitbaren Debat-

Im doppelten Sinne: ein langer Marsch (Unterbezirksjugendtag der SAJ in Geisenheim, 1929)

tieren, sondern zum fröhlichen Treiben in freier Natur" versammelten sich die Jugendlichen zunächst im Gewerkschaftshaus in der Wellritzstraße, das freilich nur einen kleinen Teil des „fröhlichen Völkchens" aufzunehmen in der Lage war. Am Sedanplatz formierte sich dann ein Zug zum „Ausmarsch" mit „Sang und Klang" zur Sonnwendfeier an der Felsengruppe im Nerotal: „Ein schönerer Platz für diese volkstümliche Feier ist wohl kaum zu finden. Im Scheine der Sonnwendfeuer und der zahlreichen Fackeln bot sich bald ein zauberisch-romantisches Bild fröhlichsten Treibens bei Gesang und Lautenspiel." Was sich dort abspielte, wird von unserem Berichterstatter so dargestellt: „Ein Stündchen reiner Freude unterm nächtlichen Himmel. Buntes Lagerleben. Flammensäulen steigen lohend himmelan. Frei von aller Erdenschwebe schienen Buben und Mädchen, die um die Feuer ihre Tänze und Reigen aufführten, zu denen die Zupfgeigenhansels und Geigerfriedels aufspielten. Eine besondere Überraschung boten die Freien Turner, die am geschickt gewählten Platze oben auf der Felsengruppe im Scheine der Feuer Marmorgruppen stellten. Gern hätte man an diesem herrlichen Platze am jungen Morgen die Sonne begrüßt, der die Feier galt. Doch die Zeit des Aufbruchs ist nahe. Viele hundert Fackeln leuchten auf, der 'Bruderbund' beschließt die schlichte, aber um so eindrucksvollere Feier mit einem stimmungsvollen Chore, und heimwärts zieht die Festgemeinschaft im Scheine der Fackeln durch die Taunus- und Wilhelmstraße nach dem Gewerkschaftshause zur Quartierverteilung." Auch der nächste Tag wurde mit „Spiel und Tanz" im Rabengrund verbracht, die Frankfurter Gruppe führte das „Frohe Jugendspiel" und „Aufbruch" auf, ferner wurde „Kasperletheater" geboten. Abends zogen sie „hochgemut" und „hoffnungsfroh" von hinnen.

Zwischen Volkstanz und Politik

Zwischen der bürgerlichen Jugend und der Sozialistischen Arbeiterjugend - die von der kommunistischen Jugendbewegung abschätzig als „Volkstanz-Verein" apostrophiert wurde - gab es vielfältige Berührungspunkte. Die Arbeiterkulturbewegung war ebenso wie die bürgerliche Jugendbewegung stark vom Aufbruchsgeist der Jahrhundertwende geprägt.
Ziel der Arbeiterkulturvereine war indes die Festigung eines proletarischen Gemeinschaftsgefühls durch Spiel, Gesang, ausgedehnte Wanderungen, durch das gemeinsame Naturerleben, die Ablehnung von Alkohol und Nikotin sowie der „Schundliteratur". Mit dieser Lebensreformbewegung der Jahrhundertwende verband die sozialistische Strömung die Idee der Gleichberechtigung der Geschlechter. Von den bürgerlichen Vereinen trennte sie die Ablehnung individueller Selbstdarstellung und Selbstverwirklichung.
Als Untergliederung sozialistischer bzw. kommunistischer Parteien unterstützten sie deren vielfältige politischen Aktivitäten, nahmen an den zahlreichen Demonstrationen teil, wirkten bei Wahlkämpfen mit, agitierten bei Streiks und politischen Kampagnen. Arbeiterkultur war also keine vom sozialen und politischen Alltag abgehobene Angelegenheit, sondern sollte beitragen „zur allseitigen Kulturpflege, zur harmonischen Entwicklung der Arbeiterklasse". Die Bedeutung der Arbeiterkulturbewegung darf daher im Hinblick auf die Entfaltung alltäglicher Solidarität, die innere Festigung der Arbeiterparteien und die Vermittlung von Bildungs- und Freizeitmöglichkeiten nicht zu niedrig veranschlagt werden.
Indes war die Ausstrahlungskraft der Arbeiterkulturorganisationen auf Bestrebungen außerhalb des eigenen „Lagers" eher gering. Die bürgerliche Öffentlichkeit nahm von ihr kaum Notiz, solange nicht die „öffentliche Ordnung" bedroht schien. Zudem befehdeten sich die beiden Arbeiterparteien SPD und KPD und ihre jeweiligen Kulturorganisationen auf heftigste, auch dann noch, als ihr gemeinsamer Feind - der Nationalsozialismus - sich in Wiesbaden etabliert hatte und der Arbeiterbewegung ein bitteres Ende bereitete.
Das Trauma des Scheiterns raubte der sozialistischen und kommunistischen Arbeiterkulturbewegung fast vollständig ihre Identität. Diese konnte sie auch nach der Befreiung vom Faschismus kaum wieder entwickeln. Dem Sozialhistoriker drängen sich allerdings Parallelen zwischen der Arbeiterkulturbewegung und der Alternativbewegung der letzten Jahrzehnte auf - ein Grund mehr, deren verschüttete Traditionen wieder freizulegen und zu befragen.

Imbke Behnken

Erinnerungen - Kindheiten im wilhelminischen Wiesbaden

Frau Schlinck und Herr Schlosser wachsen zur gleichen Zeit in Wiesbaden auf. Sie haben sich nie kennengelernt, ihre Kinderwelten sind räumlich strikt getrennt. Frau Schlinck, 1904 geboren, verbringt ihre Mädchenjahre in einer Villa am Ring; der Vater ist Architekt. Herr Schlosser, 1898 geboren, wächst im Bergkirchenviertel auf, dem Quartier der „kleinen Leute". Sein Vater ist Maurer. Frau Schlinck lebt in einer behüteten und reich ausgestatteten Kinderwelt, umgeben von Dienstmädchen. Herr Schlosser trifft sich mit Nachbarskindern zum Spielen auf der Straße, im Hof. Der Atzelberg, das Walkmühltal sind ihr Streifraum. Die Wohnung ist zum Spielen zu klein, sechs Personen teilen sich zwei Zimmer.

Frau Schlinck

„Hier, wo wir gewohnt haben, das war die bessere Gegend. Die Mosbacher Straße, die Biebricher Allee, die Seitenstraßen. Das waren riesige Villen, die oft nur von einer einzigen Familie bewohnt waren. Entzückende Villen."
Rückerinnernd betrachtet Frau Schlinck ihre Mädchenjahre in dem Villenviertel mit kritischen Augen. Sie entwirft das Bild einer streng nach sozialen Klassen getrennten Stadtgesellschaft. „Eines ist gewiß," so leitet sie das Resumee über ihre bürgerliche Erziehung ein, „diese gewisse Arroganz, das war damals so üblich, das war unsere Welt."

„Eingang nur für Herrschaften"

„Die hochherrschaftlichen Häuser in unserem Viertel hatten zwei Eingänge, einen für die Dienstboten und einen für Herrschaften. Manchmal stand sogar dran: 'Nur für Herrschaften!' Eine Schulfreundin von mir, die wohnte dort nicht, die hat das einmal bemängelt. Diese Anna, die war furchtbar klug. Die hat mich heimbegleitet bis vor die Tür. 'Ist das euer Dienstboteneingang?' 'Ja.' 'Wie unsozial! Wie unsozial!' Ich bin rein: 'Mamma, was ist unsozial?' Also, ich war so unbedarft, die zehnjährige Anna, die hat das als unsozial empfunden."

„Betteln verboten!"

„Es ist kein Ruhmesblatt, wirklich kein Ruhmesblatt! Es gab Familien unter den Reichen, die waren ausgesprochen geizig. Ich weiß noch, an vielen Haustüren war so ein ovales Bronzeschild angebracht: 'Armenverein'. Da durfte keiner betteln, daß hieß soviel wie: Wir geben regelmäßig, du hast bei uns nichts zu suchen." Frau Schlinck durchschaut das Spiel: Die doppelte Verhaltensregel, Mildtätigkeit zu zeigen und zugleich soziale Distanz wahren, wird hier nur zum Schein eingehalten.

Frau Schlinck mit Bruder und Schwester im Garten der Großmutter an der Biebricher Allee (1904)

„Weiße Kleidchen und Sonnenschirm"

Ihre Eltern sehen die Schlinck-Kinder selten. Dienstmädchen und Kinderfräulein, die die Kinder betreuen, führen mitunter ein strenges Regiment. „Also, unser Fräulein, die war wahnsinnig streng. Wir gingen jeden Tag spazieren, und zwar immer im Schloßpark in Biebrich. Ich hasse den Park heute noch! Wir hatten weißgestärkte Kleidchen an, weiße Schuhe und solche Hüte! Alles in Weiß! Andere Kinder sind gesprungen, wir durften das nicht. Wenn wir abends nach Hause gekommen sind, waren die Schuhe noch so weiß wie vorher. Dann hatte ich einen Sonnenschirm, der war aus Satin oder Atlas. Einmal ist mir der Knauf kaputtgegangen, da hab ich die Nacht nicht geschlafen aus Angst vor dem Fräulein."

Straßenkämpfe - „An der Kleidung hat man sich erkannt"

Als Frau Schlinck in die Schule kommt - sie besucht ab der 1. Klasse das Lyzeum -, gerät sie in Straßenfehden. Sie gehört, erkennbar an der Kleidung, zu den reichen Villenkindern. Der Schulweg führt die Kinder vom Ring durch die Oranienstraße, dem Territorium der Oranienstraßengruppe. „Die Feindseligkeiten unter uns Kindern waren wirklich schlimm. Die Oranienstraße war am schlimmsten. Die hatten so dicht besiedelte Hinterhäuser. Wenn die uns gesehen haben, dann ging die Prügelei los." Frau Schlinck überlegt, was zu den Feindseligkeiten führte: „Heute gehen die Kinder erst einmal alle in die Grundschule, sie lernen sich kennen und besser verstehen, werden kameradschaftlich. Wir sind ja gleich getrennt worden. Die einen kamen in die Volksschule, die anderen in die höhere Schule. Und dann konnte man sich an der Kleidung gleich erkennen. Die Gymnasiasten trugen ihre Schülermützen, für uns Mädchen war die Mode kurz. Die Volksschüler, die Jungen, trugen Dotzheimer Halblange. Das waren halblange Hosen zum Reinwachsen. Die Mädchen hatten auch längere Kleider, die hatte die Mutter selbst genäht, waren meistens aus groben Stoffen."

„Kaiser und Hof"

„Kaiser, Hof und Militär, das war immer im Gespräch. Es hieß: Hofphotograph, Hofmetzger, Hofbäcker. In meinem Elternhaus haben nur Offiziere gewohnt, wir waren die einzigen Bürgerlichen, uns gehörte das Haus." Die militärische Tradition, die Vaterlandsliebe wird schon den Jüngsten früh vermittelt. Kadett zu sein bedeutet Ehre und Ansehen. „Der Bruder meiner Freundin war Kadett. Wenn wir Brot geholt haben, dann hat er uns manchmal begleitet. Da waren wir furchtbar stolz. Ein Kadett geht neben mir her!"

Herr Schlosser

„Hier, das war das Arbeiterviertel." Mit diesen

Worten stellt Herr Schlosser uns sein Wohnviertel (Bergkirche und Hilf) vor. Der Vater ist Maurer und gewerkschaftlich organisiert, der Sohn wächst ganz in dieser Traditon auf.
„In der Wilhelminischen Zeit war ja alles verboten, die Gewerkschaften und so. Heute sind sie stolz darauf, damals war's verboten. Mein Vater war in der Gewerkschaft, die waren alle in einem Buch eingetragen. Wenn der 1. Mai kam, dann ist mein Vater schon einen Tag vorher geholt worden. Meist von der Arbeit weg, ist im Polizei-Stümpert eingesperrt worden. Es kam dann jemand vorbei: 'der Karl' - mein Vater hieß Karl - 'ist unten im Stümpert.' Einen Tag vorher sind sie eingesperrt worden, damit sie keine Demonstration machen konnten. Dabei war hier ja nichts, das war ja eine Kurstadt, da waren nur wenige organisiert.

„Das war Kampf"

Die räumliche Trennung der gegnerischen Kindergruppen - die einen wohnen in den Villenviertel, die anderen „oben auf dem Berg" im Nordviertel - greift nicht nahtlos. Wie Frau Schlinck ist auch Herr Schlosser in Straßenkämpfe verwickelt. Die Gymnasiasten aus dem Nerotal müssen auf ihrem Schulweg durch das Bergkirchenviertel. An den Schulmützen sind sie weithin erkennbar. In anderen Straßen eine hochachtbare Kennzeichnung, ist es hier im Wohnviertel von Herrn Schlosser für die Jungen der Hinweis auf den Feind. „Ich mein, das hier war Arbeiterviertel. Und die Volksschule hier [heute IGS Kastellstraße] war unsere Schule." Im Volksmund hatte die Schule oben auf dem Berg neben der Maria-Hilf-Kirche einen Spottnamen: das Hilfer Gymnasium, das höchste Gymnasium Wiesbadens. Herr Schlosser berichtet vom Kampf gegen die höheren Schüler, er und seine Freunde tragen auf diesem Weg ihre Klassengegnerschaft aus: „Da unten ist das Zietenring-Gymnasium. Die Schüler aus dem Nerotal, die mußten hier die Kellerstraße rauf und hier am Platz [freier Platz gegenüber der Maria-Hilf-Kirche] vorbei, dann die Treppchen runter. Wenn die mittags kamen, haben wir sie an-

gepaßt. Das hat sich meistens in der Ludwigstraße oder hier oben auf dem Platz abgespielt. Da hat damals ein Wasserhäuschen drauf gestanden von einem Wirt Hoch, der hat Selterswasser verkauft. Die hatten da so Kästen mit leeren Flaschen stehen, waren so kleine Flaschen. Wenn die dann rüberkamen [die Gymnasiasten], haben wir die leeren Flaschen auf die geleert." Herr Schlosser verschweigt nicht die Folgen. Die bürgerlichen Kinder und ihre Eltern holten sich die Unterstützung von Polizei und Schule. Der Schutzmann kam persönlich in die Schule, um die Übeltäter zu identifizieren. „In der Schule vom Lehrer haben wir dann die Abreibung gekriegt. Hose angezogen und sechs oder acht Hiebe drauf, oder auf die Hände. Der Schutzmann kam in die Schule: 'Der war's. Der auch. Hier, der Blonde auch.' Der hat sie aufgerufen. Gell, so war das, das war Kampf!"

„Hurra" für den Kaiser

Herausragendes Ereignis für die Wiesbadener Schulkinder waren die Kaiserbesuche. Die Schülerinnen und Schüler der Volksschule an der Kastellstraße standen in der Taunusstraße Spalier - bestellte Straßen-Claqueure: „Wenn der Kaiser kam, da waren wir dabei. Morgens um acht sind wir in die Schule gegangen, dann mußten wir runter an die Taunusstraße. Die ganze Schule. Wir sind aufgestellt worden und mußten singen. Wenn der Kaiser dann vorbeigeritten kam, dann haben wir die Fähnchen geschwenkt - wir hatten alle ein Fähnchen - und haben geschrien: Hurra! Hoch lebe der Kaiser! Hurra!"

Dotzheimer Halblange, barfuß laufen und genagelte Schuhe

Von den Dotzheimern zum Reinwachsen, von den derben Stoffen hat Frau Schlinck berichtet. Schuhe gehörten zu den Kleidungsstücken, die besonders geschont werden mußten, da die Eltern diese nicht selbst fertigen konnten. „Im Sommer sind wir barfuß gelaufen, von April bis Oktober, war

„Wiesbadener Buben" - Straßenjungs um 1900

Schuhersparnis. Nur zur Schule und sonntags haben wir Schuhe getragen. Im Krieg sind die Jungen auch zur Schule manchmal barfuß gekommen, weil die Eltern keine Schuhe kaufen konnten. Nur die Mädchen nicht, die hatten Schuhe an. Dann waren die Schuhe genagelt, damit sie länger gehalten haben, das Leder war ja so teuer."
Die hier ausgewählten Erzählungen von Frau Schlinck und Herrn Schlosser beschreiben zwei Seiten von Kinderleben im Wilhelminischen Wiesbaden. Beide Erzähler haben die Weimarer Republik, zwei Weltkriege und den Nationalsozialismus überlebt. Sie wohnen heute in unmittelbarer Nachbarschaft: Herr Schlosser hat sein Quartier nie verlassen, Frau Schlinck zog als junge Frau hierher ins Nordviertel.

Eisvergnügen auf dem Kurhausweiher

Burkhard Fuhs

Schlittschuhlauf und Kurkonzert - Der Kurgarten um 1910

Kurgäste genießen den Wiesbadener Winter. Ein romantisches Foto aus der Blütezeit der Kur um 1910: Die Dächer des imposanten Kurhauses sind eingeschneit, die Äste der Bäume mit Schnee bedeckt. Auf der weißen, zugefrorenen Wasserfläche des großen Kurhausweihers laufen knapp 50 Personen Schlittschuh. Sie haben sich passend zu dieser Gelegenheit angezogen: Die Herren sportlich im Knickerbocker mit weißem enganliegenden Pullover und jugendlicher Schlagmütze. Einige stemmen entschlossen und dynamisch ihre Arme in die Hüften. Die Damen mit langen schwarzen Röcken und kurzen Winterjacken in hellen oder dunklen Farben. Die Frauen tragen die für die Kaiserzeit typischen großen Hüte und schützen sich mit Pelzstola, Muff oder Schal gegen die Kälte. Am Ufer des Weihers haben sich Zuschauer mit großen Regenschirmen versammelt und betrachten das beschauliche Bild: Männer und Frauen ziehen auf dem Eis ihre Kreise, Grüppchen von Kurgästen unterhalten sich. Man lernt sich kennen beim Wintervergnügen, einzelne Paare stehen beisammen oder laufen Hand in Hand über den Weiher.

Vor der Konzertmuschel traf sich die „elegante Welt" (Postkarte)

Kurhaus und Kurpark als Zentrum der Kur

Für das Image Wiesbadens als „Weltkurstadt" waren das Kurhaus, sein Weiher und Park stets von besonderer Wichtigkeit. Sie bildeten das Zentrum der Vergnügungskur, die Anfang des 19. Jahrhunderts neben der medizinischen Badekur eine große Eigenständigkeit und hohe wirtschaftliche Bedeutung erlangte. Viele Besucher kamen zu Kurzvisiten in die Stadt, nicht weil sie krank waren, sondern weil sie das „aufregende" Flair des mondänen Kurlebens genießen wollten. Man nahm morgens am Kochbrunnen bei Kurmusik sein Heilwasser zu sich und hielt sich nachmittags im Kurhaus oder Kurpark auf, las Zeitung, trank Kaffee, spazierte durch die Anlagen und lauschte den Platzkonzerten der Kurmusik.
Während des gesamten 19. Jahrhunderts blieb das Kurhaus mit seinem Garten wichtigste Attraktion der Kur und lockte zahllose Gäste aus aller Welt an. Schon das erste „Cursaalgebäude" von 1810 verlieh der Wiesbadener Kur einen Hauch von Internationalität und schuf einen exklusiven Treffpunkt für adlige und bürgerliche Kurgäste.
Das Kurhaus und die umliegende Gartennatur waren als Gesamtkunstwerk konzipiert; so sollten zum Beispiel die Kurhausspiegelungen im Weiher die Kurgäste in eine romantische Stimmung versetzen. Im weitläufigen Kurpark konnten sich die zahlungskräften Kurgäste, eine erlesene Gesellschaft, in eine bessere Welt ohne Arbeit, Armut und „Häßlichkeit" träumen. Die Schönheiten der Natur sollten die Besucher erfreuen, die kranken Seelen beruhigen und die Sorgen des Alltags vergessen lassen.

Der Kurgarten als schöne Freizeitlandschaft

Anfangs akzeptierten nicht alle Wiesbadener Bürger diese schöngeistige Nutzung des Kurgartens. Erst mittels Verordnungen setzten die staatlichen Behörden durch, daß im Kurweiher keine Wäsche mehr gewaschen, daß nicht gefischt und gebadet werden durfte. Auch die von Vogelfängern gejagten Nachtigallen, als romantische Sänger vom gebildeten Publikum hochgeschätzt, stellten die Behörden unter Schutz, während sie auf Spatzen, die als lärmende Schädlinge galten, 1815 ein „Kopfgeld" aussetzten.
Mit der Schaffung eines Kurgartens veränderte sich die ursprünglich landwirtschaftlich genutzte Umgebung der Stadt: Gerbereien, Ziegeleien und Wäschebleichen wurden aus dem Gartengebiet verlegt, die Anlagen durften nicht in Arbeitskleidung betreten werden, Fuhrwerke mußten den Kurbezirk umfahren. Landschaftsgärtner legten nach künstlerischen Überlegungen Wasserläufe, Wege, Brücken und den Teich an; sie pflanzten edle Bäume, Sträucher und Blumen, stellten Bänke und Pavillons auf. Den Weiher bevölkerten wertvolle Fische und exotische Wasservögel.

Die Kurgäste bewegten sich auf verschlungenen Pfaden, vorbei an murmelnden Bächen, durch bunte Blumenbeete und verschwiegene Heckenplätze. Wiesen und Ackerland verwandelten sich in Orte zum Träumen, Ruhen, Lustwandeln und Verlieben.

Attraktionen des Kurparks

Zahlreiche Um- und Ausbauten des Kurparks zeugen von der harten Konkurrenz der Wiesbadener Kurwirtschaft mit anderen Modekurorten für gehobene Gesellschaftskreise. Nach einer Erweiterung der Anlagen 1832 wurden sie 1855 vollständig umgestaltet. Als 1872 die Spielbank geschlossen werden mußte, investierte die Stadt erneut in Kurhaus und Park, um die Wiesbadener Gesellschaftskur weiterhin für wohlhabende Vergnügungssuchende attraktiv zu machen. Der Weiher erhielt einen Wasserfall und eine Insel, zu der eine Natursteinbrücke führte. Der große Teich war der Hauptanziehungspunkt des Gartens. Ihm entsprudelt - so der Kurführer von 1877 - „zu gewissen Tagesstunden (Nachmittags um 4) eine ca. 30 Meter hohe mächtige Fontaine. ... Den Weiher beleben Goldfische, weisse und schwarze Schwäne und kleinere befiederte Bewohner, türkische und andere ausländische Enten und Schwimmvögel. ... Die auf dem Teiche zur Verfügung der Curgäste bereit liegenden Gondeln geben der Wasserfläche Leben und Bewegung und haben in kurzer Zeit grosse Beliebtheit errungen.“ Desweiteren sorgten zwei Grotten, ein Kinderspielplatz mit Schaukel, Kegel- und Ringspiel und ein Hirschpark für die Unterhaltung der anspruchsvollen Gäste. In der Kursaison fanden regelmäßig Konzertveranstaltungen im Kurpark statt, es gab rauschende Gartenfeste, Kindernachmittage, Zauberabende, festliche Beleuchtungen und Feuerwerke.
Kurdirektor Hey'l schwärmt 1877 vom besonderen Flair des Gesellschaftslebens im Kurpark: Der Platz zwischen Kurhaus und Teich biete besonders in den Nachmittagsstunden ein höchst belebtes Bild des regsten Badeverkehrs. An Sonntagen entwickele sich ein Leben in diesen Anlagen, das in seiner Weise gewiß zu den Seltenheiten und gleichzeitig Sehenswürdigkeiten der Stadt gehöre. „Alle Sprachen und Dialekte klingen zum Ohr, Vertreter aller Nationen verkehren hier im bunten Gemisch und für das Frauenauge bildet die General-Revue der neuesten Moden keine der kleinsten Annehmlichkeiten.“

Der Kurgarten als exklusiver Raum

Die Stadt Wiesbaden war stets bemüht, die Anziehungskraft ihres wichtigsten Wirtschaftszweiges „Kur“ auszubauen. Inbesondere wurde seit Mitte des 19. Jahrhunderts für die Winterkur geworben, um die Kapazitäten der Stadt das ganze Jahr zu nutzen. Gleichzeitig sollte trotz rasant steigender Übernachtungen die Exklusivität der Gesellschaftskur gewahrt bleiben. Als Reaktion auf die immer größer werdende Anzahl von Kurgästen und Kurzbesuchern aus dem bürgerlichen Mittelstand schloß die Stadt in den 1870er Jahren den Kurgarten unter Protesten der Wiesbadener Bevölkerung mit Eisengittern. Von nun an konnten nur noch Besitzer einer Kurkarte den Park betreten. Auch der Neubau eines „Luxuskurhauses“ 1907 diente dazu, die Exklusivität der Gesellschaftskur zu wahren, da das alte Gebäude von 1810 nicht mehr mit den imposanten Neubauten der wilhelminischen Zeit konkurrieren konnte.
Das Foto „Eisvergnügen auf dem Kurhausweiher“ wirft einen Blick auf das Kurleben im winterlichen Kurgarten um 1910. Das glanzvolle neue Kurhaus präsentiert sich dem Betrachter in seiner romantischen Naturumgebung. Die sportlichen Wintervergnügungen machen deutlich, daß die Kursaison in Wiesbaden über das ganze Jahr ging; die Stadt war auch im Winter für Gäste ein lohnendes Ziel. Aus England importiert, spielte der Sport in Form von Tennis, Reiten oder Golf gegen Ende des 19. Jahrhunderts für die Wiesbadener Vergnügungskur eine große Rolle.
Und noch eins stellt das Bild klar: Es sind keine großen Volksmassen, die sich im Kurpark auf dem Eise tummeln; Kleidung und Anzahl der schlittschuhlaufenden Männer und Frauen lassen erkennen, daß sich hier eine kleine, aber exklusive Gesellschaft den winterlichen Vergnügungen hingibt.

Waldbegegnungen - Sonntags ein Vergnügen...

Musikpavillon des Café Ritter, Unter den Eichen (um 1910)

Für die wilhelminische Kurstadt war die Natur eine der wichtigsten wirtschaftlichen Grundlagen. Sie war neben kulturellen und modernen medizinischen Kurangeboten ihr natürliches Kapital. Der neue Kurprospekt warb um 1910 für Wiesbaden mit folgenden Worten:
„Die Umstände, daß Wiesbaden keine Industriestadt ist, daß keine gewerblichen Anstalten oder Fabriken daselbst bestehen, die irgendeinen schädlichen Einfluß auf die Gesundheit der Bewohner ausüben könnten, daß die Stadt breite, saubere Straßen und offene Plätze besitzt, von denen ein Teil von der frischen Waldluft direkt berührt wird, daß sie von einem reichen Kranz von Gärten und Parkanlagen umgeben ist ..., dies alles wirkt nicht zum geringsten Teil mit, daß Wiesbaden einer der gesuchtesten Wohnorte geworden ist."

„Bis in den Wald sind es ja nur ein paar Schritte..."

In der näheren und weiteren Umgebung boten sich für den Kurgast Naturschönheiten, Aussichtspunkte und zahlreiche Ausflugslokale als lohnendes Ziel. Vor dem Ersten Weltkrieg konnte der Wanderfreund zwischen 33 Wandertouren wählen; für einige der Ausflüge mußte man sich allerdings eine Eisenbahnfahrt leisten können. Das Informationsmaterial für die Kurgäste macht deutlich, daß der Wald in Wiesbadens Umgebung schon damals touristisch erschlossen war. Die Wanderwege waren größtenteils beschildert, Zeit- und Kilometerangaben ermöglichten eine genaue Ausflugsplanung, auf Attraktivitäten am Wegrand - wie Ausblicke, Aussichtstürme, seltene Bäume - wurde hingewiesen. Wichtigster Punkt bei fast allen Wanderungen waren die Waldgaststätten. Je nach Größe des Geldbeutels gab es einfache Wirtschaften oder - für gehobene Ansprüche - Restaurationen bzw. Restaurants.
Daß nicht nur wohlhabende Kürgäste an Wiesbadens Umgebung Freude hatten, zeigen die Kindheitserinnerungen Karl Korns. Er stammte aus kleinbürgerlichem Hause und hatte von Kindesbeinen an auch die andere Seite der prachtvollen Kurstadt kennengelernt. Für ihn bedeutete ein Haus mit eigenem Garten ebenso wie seine Wanderungen durch den Taunus eine Befreiung. Er erzählt aus der Zeit der französichen Besatzung (1918-1925): „Wir machten uns zu dritt auf, der Vater mit den beiden Söhnen. Der weite Weg ist mir unvergeßlich. Stundenlang sahen wir keinen Menschen in den hohen Buchenwäldern. Im Forsthaus 'Weißer Turm' machten wir eine Rast. ...Von da oben sah man weit ins Land über die Höhen. ...Nie sind mir unsere heimatlichen Wälder so schön und strahlend in der Sommersonne erschienen wie damals. Die Himbeeren waren gerade reif, und es war in den vom Verkehr gemiedenen, abgelegenen Landstrichen eine üppig wuchernde Wildnis von Baum und Strauch."

Alltag im Wald: Holzsammeln

Befragt man heute die Kinder der „kleinen Leute" von damals, so erfährt man, daß ihre ausgedehnten Wanderungen oft durch die Arbeit bestimmt

Café Orient, Unter den Eichen, Treffpunkt der „feinen Leute“ (um 1910)

In Sonntagskleidung auf der Waldbank (um 1910)

waren: Beim Stoppeln (der Erntenachlese) und beim Holzsammeln mußten weite Wege zurückgelegt werden - bis nach Erbenheim, Bierstadt oder Idstein. Frau Monzel, 1909 im Bergkirchenviertel geboren, erzählt: „Hinlaufen und heimlaufen: Wenn man kein Geld zum Fahren hatte, mußte man laufen.“ Wenn der Alltag von der Sorge ums tägliche Brot bestimmt wurde, konnte kein unbeschwerter Blick für die Schönheiten der Natur aufkommen. Schulkinder wurden von ihrer Lehrerin bei einem Ausflug getadelt, weil sie nach Brennholz Ausschau hielten, statt auf die Schönheiten des Waldes zu achten.

Neben dem Nutzaspekt war die Natur für die „kleinen Leute“ vor allem ein Ort geselliger Zusammenkunft. Es gehörte zu den Sommervergnügungen, daß die Familie am Wochenende ein paar Kilometer hinaus aus der Stadt zu einer der billigen Waldgaststätten ging.

„Sonntags, das war auch gang und gäbe, sind wir spazierengegangen unter die Eichen. Da war damals noch so ein Rummelplatz. Rummelplatz ist übertrieben, da war ein Karussell, durften wir vielleicht einmal Karussell fahren. Die Buben haben eine Brezel und wir Mädchen ein ‘Hartekuche’ gekriegt. Oder aber beim Café Ritter, da haben wir ein Glas Milch trinken dürfen. Der Papa hat ein Glas Bier getrunken und die Mama ein Schlückchen Wein. So bescheiden war das früher.“ Frau Michaelis, die aus kleinbürgerlichen Hause stammte, gehörte zu den Privilegierten des Bergkirchenviertels. Selbst die Einkehr ins Café Ritter war dort für einen Großteil der Bewohner nicht erschwinglich.

Kleine Genüsse

Herr Lasker, ein Handwerkersohn, erinnert sich an einen anderen Ausflugsort: „Das Holzhackerhäuschen, das war früher im Wald. Da haben Stühle und Tische draußen gestanden. Die haben da selbst den Äpfelwein gemacht. Und wenn Du Dein Brot mitgebracht hast und Deine Wurst, dann hat er Dir einen Teller und eine Gabel gebracht. Man konnte auch dort was bestellen, aber es war gang und gäbe, daß sich die Leut' ihr Brot mitgebracht haben. Das war immer voll dort. Da sind wir oft hingegangen mit den Eltern. Auch mit der Jugend sind wir da viel gewesen. ... Der Äpfelwein hat 15 Pfennig gekostet. Dann gab's unter den Eichen das Café Ritter, das war ein bischen teurer; da konnte man nicht so hingehen."

Auch Herr Karsten erinnert sich gern an den Treffpunkt in der Nähe der Fasanerie: „Das Holzhackerhäuschen, das war ein richtiger Ausflugsort für sonntags. Da sind keine Zechen gemacht worden: Die Leute haben ihren Äpfelwein getrunken oder ihr Bierchen." Besonders die Konvention, die Vesper selbst mitbringen zu dürfen, zeichnete die Gaststätte als Wirtschaft der „kleinen Leute" aus. Kurgäste kehrten hier wahrscheinlich kaum ein, obgleich das Lokal auch in den Kurführern erwähnt wurde.

Für wohlhabendere Bürger gab es als Ausflugslokal eine Spezialität. Es lag am Waldrand, unterhalb vom Café Ritter, und hatte durch die elektrische Straßenbahn Verbindung zur Kurstadt. „Unter den Eichen war ein allseits beliebtes Ausflugs- und Vergnügungsziel: Einige gingen dort zum Tanzen, in das Café Orient. Das war für die Hautevolee", sagt Herr Karsten. Das Café begeisterte auch diejenigen, die sich den Eintritt nicht leisten konnten: „Ins Café Orient konnte ja nicht jeder reingehen, das hat ja was gekostet. Beim Ritter, nebenan, da war Tanz gewesen, mit Musik" schwärmt Herr Hübler. Holzhackerhäuschen, Café Ritter, Café Orient stehen für die soziale Schichtung der Kaiserzeit. Der Holzhacker, als Angehöriger der Waldarbeiter, steht auf der untersten Stufe der Werteskala, die fremdländische Exotik des Orients für den „gehobenen" bürgerlichen Geschmack auf der entgegengesetzten Seite.

Café Orient, Innenansicht

Ausflug zum Holzhackerhäuschen (1916)

Nachbemerkung:

Die Interviews entstanden im Rahmen eines Forschungprojekts von Jutta Buchner und Burkhard Fuhs zu Kindheitserinnerungen der Generation 1885-1915. Die Namen der interviewten Wiesbadenerinnen und Wiesbadener wurden anonymisiert.

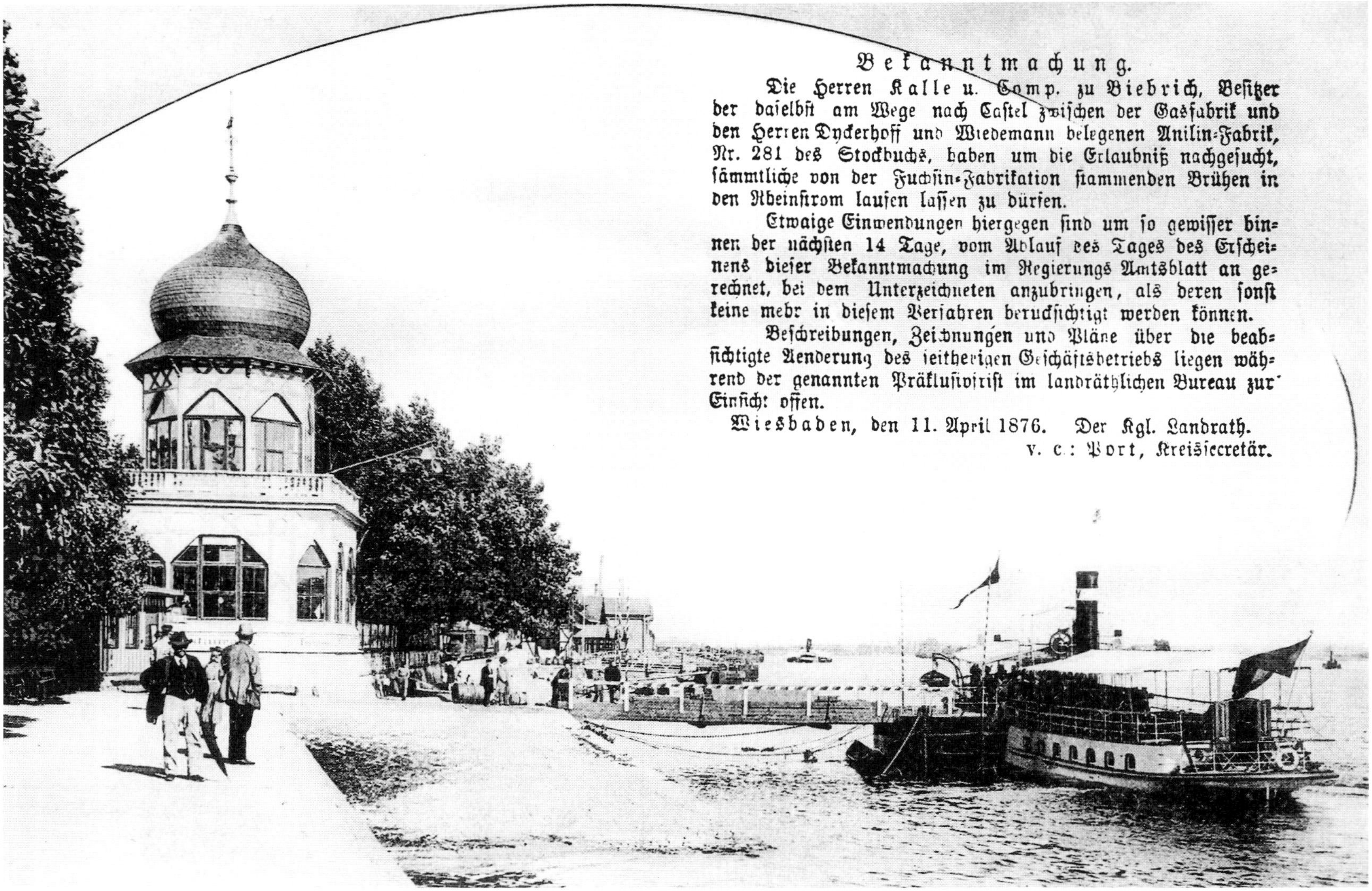

Die Biebricher Rheinterrassen: Darum ist es am Rhein so schön …
Ob den Spaziergängern der Wunsch von Kalle und Comp. bekannt war, „sämmtliche von der Fuchsin-Fabrikation stammende Brühen in den Rheinstrom laufen lassen zu dürfen“?

Rolf Engelke

Braune Brühe - Die Quellen des gefärbten Rheinwassers bei Biebrich im Jahre 1907

„Gestatte ich mir, ergebenst darauf aufmerksam zu machen, daß, wie ich auf meiner Durchreise zu meinem großen Erstaunen wahrnahm, der 'grüne' Rhein jetzt hier bei Biebrich eine fast kaffeebraune Färbung hat, was, wie die Bewohner von Biebrich mir mittheilten, durch Abwässer von bei oder oberhalb Biebrich gelegenen Fabriken verursacht sein soll!"
Dies schrieb am 22. Januar 1907 der schockierte Rheinurlauber Adam Junckersdorff an die Königliche Regierung zu Wiesbaden. Unerhört! Braune Brühe im grünen Rhein, hier mußte es sich zweifelsohne um einen 'Skandal' von außerordentlicher Tragweite handeln. - Doch die Nachricht des rheinländischen Touristen an die Obrigkeit konnte die Beamtenschaft der preußischen Regierung zu Wiesbaden nicht in Unruhe versetzen. Junckerstorffs Brief teilte das Schicksal so manchen an eine Behörde gerichteten Schriftstücks; er endete in der Aktenablage. - „Es ist nett von Herrn Junckerstorff, daß er die Regierung auf die Verunreinigung der Flüsse aufmerksam macht. Ohne seine Mitteilung würde dies unbemerkt geblieben sein - z.d.A. (zu den Akten)", notierte Regierungs- und Gewerberat Dr. Leymann, für 'Industriefragen' zuständiger Beamter beim Wiesbadener Regierungspräsidenten, in einer Randbemerkung mit nachsichtigem Spott.
In der Tat waren 1907 die besten Tage des 'grünen' Rheins längst vorbei. Wo einst Clemens Brentano poetisch den „Strom im Mondenlicht" besungen hatte („Wer einmal in dir geschwommen, wer einmal aus dir getrunken, der ist des Vaterlandes trunken") dümpelte seit 1900 alljährlich der königlich-preußische Regierungsdampfer 'Adler' zum Zwecke einer gänzlich prosaischen 'Rheinbeobachtung'. An Bord eine Kommission von hochkarätigen Räten - darunter auch Gewerberat Leymann -, die der bald roten, bald schwarzblauen, oder wie im 'Fall Junckerstorff' kaffeebraunen Rheinbrühe Giftproben entnehmen ließen.
Die Hauptquellen der Verschmutzung waren bekannt: zu den Verursachern zählten vor allem die Städte und Großbetriebe längs des Mains flußabwärts von Hanau. Auf dem Kongreß des „internationalen Vereins gegen Flußverunreinigungen" im September 1880 in Mainz wußte ein Professor Reclam „über den wahrhaft scheußlichen Zustand des Mainwassers" zu berichten. Aus allen Röhren strömten die Abwässer nahezu ungefiltert in den Fluß. Ein dramatischer Rückgang der Fischbestände waren die Folge. Im Frühjahr 1895 war von einem Raunheimer Fischer in der Allgemeinen Fischerei-Zeitung die seit Apostel Petrus bekannte Klage zu hören: „Herr, wir haben die ganze Nacht gearbeitet und nichts gefangen!"

Eine beispielhafte Stadtkanalisation mit trüben Folgen

Die Stadt Wiesbaden errichtete in der Ära des auf weltstädtisches Ambiente bedachten Oberbürgermeisters Karl v. Ibell eine 'beispielhafte' Kanalisation. Selbst höchste Staatsgäste erwiesen dieser Anlage, die Typhus und Cholera aus der Metropole bannen sollte, die Ehre einer Besichtigung. Der medizinische Horizont der Wiesbadener Stadtväter reichte allerdings nur bis zur südlichen Stadtgrenze. Für die Schlammflut der gesammelten Fäkalien, die sich durch das Mühltal in Richtung Biebrich wälzte, dort einen „pestilenzartigen Gestank" verbreitete und die Brunnen vergiftete, fühlte man sich nicht zuständig. Nach einem erbitterten Prozeßkrieg zwischen den Gemeinden Wiesbaden und Biebrich verfiel der Magistrat der Kurstadt auf eine fatale 'Lösung': die Wiesbadener Kloake, ehemals Salzbach, wurde unter die Erde verlegt, in Zementleitungen verrohrt und ergoß sich künftig an der Gemarkungsgrenze Biebrich/Amöneburg in den Rhein.
Das Banner des Naturschutzes konnten sich aber die Männer der Biebricher Stadtverwaltung trotz ihres mutigen Straußes mit den kurstädtischen Umweltverschmutzern nicht an die Brust heften. Gemeinsam mit dem großherzoglich-darmstädtischen Amöneburg beherbergte man hier auf engstem Raum eine Ansammlung von Kunstdünger-, Anilinfarben-, Pharmazie- und Zementfabriken, die Biebrich zu einem der Zentren der Chemieindustrie werden ließ. Die dritte Quelle des kaffeebraunen Rheines, die sich mit dem Namen Kalle, Albert und Dyckerhoff verbindet, befand sich auf Biebricher-Amöneburger Gemarkung.
Ein dichtes Netz von Beziehungen zwischen Biebrichs potentesten Steuerzahlern und dem Magistrat begünstigte so manche Entscheidung im Sinne des ungehemmten industriellen 'Fortschritts'. Die Fabrikbesitzer selbst, ihre Prokuristen und 'Beamten' bevölkerten die Gemeindevertretung. Kalle, Albert und Dyckerhoff stifteten Stiftung auf Stiftung, ließen sich mit Ehrenämtern überhäufen und standen in allen wichtigen ortsansässigen Vereinen an entscheidender Stelle.

Fuchsin-Roth

Kommerzienrat Wilhelm Kalle war um 1900 in seiner Heimatstadt ein 'gemachter Mann'. Er war Mitglied der Handelskammer in Wiesbaden, gehörte der 1. Klasse der Biebricher Stadtverordnetenversammlung an und war seit Jahren Vorsitzender des Nationalliberalen Ortsvereins. Er präsidierte in Vereinen für Wohlfahrt, Volksbildung und religiöse Erbauung und residierte in einer Villa mit Rheinblick und Tschingderassa-Bumm von der nahen Kaserne der preußischen Unteroffiziersschule. Die Kalle'schen Farbwerke

Strandbad Schierstein am Rhein. Im Hintergrund die Schlote der Chemieindustrie

florierten. Das Personal bestand aus 500 Arbeitern und 108 Fabrikbeamten, darunter zahlreiche Chemiker und Ingenieure. Auf der Pariser Weltausstellung 1900 konnte sich die Firma mit über 40 Erfindungen auf dem Gebiete der Farbstoffchemie präsentieren.

Mit „Fuchsin-Roth" war Kalle 1863 ins große Geschäft eingestiegen. Grundstoffe für die 'Darstellung' dieses Anilinfarbstoffes waren mit Säure behandelte Derivate des Steinkohleteers. Da die „Bereitung von Anilin-Farben wegen der dabei stattfindenden Verwendung von Arsen-Säure erhebliche Gefahren für die Arbeiter und für das Publicum überhaupt" mit sich brachte, so ein Erlaß des preußischen Ministers von Itzenplitz von 1865, war die „Rotfabrik" formell der Aufsicht der örtlichen Polizeibehörden unterstellt. In gestelztem Behörden-Jargon wurde durchaus die Einhaltung gewisser Vorsichtsmaßregeln im Umgang mit Giftabwässern gefordert:

„Die flüssigen, Arsenik-Säure enthaltenden Laugen, welche bei der Fabrikation der Anilin-Pigmente entstehen, desgleichen arsenikhaltige Residua aller Art, dürfen weder den Gewässern durch Gräben oder Kanäle zugeführt, noch in Senkgruben gebracht, sondern müssen, nachdem sie mit einer zur Bindung der Arsen-Säure geeigneten Menge Kalk versetzt worden sind, eingedampft werden ... Zur Abfuhr der eingedampften Arsenik-Rückstände sind dichte, mit der Aufschrift 'Arsenik-Kalk' versehene Fässer zu benutzen. Die Abfuhr darf nur nach solchen Orten erfolgen, welche von der Polizeibehörde als dazu geeignet anerkannt sind."

Diese Vorschriften über 'Sondermülltransporte' im 19. Jahrhundert hörten sich recht rigoros an, doch welche Orte konnten mit gutem Gewissen als 'geeignete' Giftmülldeponien ausgewiesen werden? Die Firma Kalle entsorgte ihren Abfall 'fortschrittlich' nach Art des 20. Jahrhunderts. „Die Fabrikanten haben die Rückstände per Schiff zur Verbringung in die See verladen," berichtete der Biebricher Bürgermeister 1873 über die Entsorgungspraxis der Anilin-Fabrik. Die bis zum heutigen Tage übliche Verklappung von Giftmüll in der Nordsee galt bei Kalle schon anno 1873 als eine mögliche Art der Abfallbeseitigung.

Wohin mit dem Arsenikkalk?

Wir wissen nicht, ob die Kapitäne des 'Flaggschiffes' der Biebricher Chemieindustrie ihre Fässer tatsächlich in die hohe See kippen ließen, oder ob nicht die gefährliche Fracht doch bei Nacht und Nebel irgendwo im Nirgendwo der Rheinfluten versank. Drei Jahre später jedenfalls bemühte sich Kalle um ein weit einfacheres Verfahren. Am 12.4.1876 ließ der Landrat im Kreisblatt verkünden, die „Herren Kalle & Comp. [hätten] um die Erlaubnis nachgesucht, sämtliche von der Fuchsin-Fabrikation stammende Brühen in den Rheinstrom laufen lassen zu dürfen." Keine zeitaufwendige Abwasseraufbereitung mehr mit hohen Transportkosten - stattdessen eine einmalige Investition im Kanalbau. Die Verhandlungen über das Kalle'sche Konzessionsgesuch erregten jedoch unvermutetes Aufsehen. In öffentlicher Sitzung am 10. 6. 1876 meldete eine bürgerlich-aristokratische Interessengruppe Widerspruch gegen die Einleitung der „Giftbrühe" in den Rhein an: der Direktor der Nassauischen Fischerei-Aktien-Gesellschaft, der Kommandeur der Unteroffiziersschule in Biebrich, der ehemalige türkische Botschafter Aristarchi Bey mit Wohnsitz in der am Rhein gelegenen 'Wagner-Villa' und eine Gruppe von Biebricher Bürgern, Badehausbesitzern und Hoteliers, erhoben einmütig Protest. Am 19.6.1876 ging den Beschwerdeführern der Bescheid der 'Abtheilung des Innern' der Regierung zu Wiesbaden zu. Er brachte den Kritikern der industriellen Wasserverschmutzung, die biedersinnig auf Einhaltung von Recht, Ordnung und Schutz ihres „Eigenthums" bestanden hatten,

Strandbad Rettbergsaue. Hinter dem Zaun sieht man die Turmspitze der Oranier Gedächtniskirche Biebrich

eine herbe Niederlage. Kalle wurde der Bau eine 40.000 Liter fassenden Reservoirs zur Lagerung und Vermischung ihrer Arsenikabfälle gestattet. Nach entsprechender Verdünnung durch unbegrenzt vorhandenes Flußwasser dürfe die Brühe „durch den Abzugskanal in den Rhein gelassen werden."

Nachts sind alle Farben grau

In einem Punkt konnten die Einwender einen zwiespältigen 'Erfolg' vermelden: Den Betreibern der Anlage wurde zur Bedingung gemacht, die Flüssigkeiten nur in der Zeit von 11 Uhr abends bis 4 Uhr morgens abzulassen. So hatte schon der kommandierende Major der Unteroffiziersschule mit Geschick für taktische Gefechte auf dem bürokratischen Parkett gefordert. Bis zum Beginn der Schwimmübungen im Militärstrandbad sollten sich die farbenfrohen Flüssigkeiten mit den Restbeständen des Rheinwassers soweit vermischt haben, daß der 'sicherheitspolitische' Auftrag der Unteroffiziersanstalt nicht gefährdet werde. Außer der Auflage, die Arsenbrühe nur zu nachtschlafener Zeit fließen zu lassen, waren alle Einwendungen laut Bescheid „für erledigt zu erachten". Mögliche Schäden für die Fischbestände im Rhein wurden bestritten, sollte es aber trotz aller Ungefährlichkeit zu „Nachtheilen" für die Fischer kommen, so wären „solche keinesfalls von der Bedeutung zu erachten, daß nicht das industrielle Interesse an der Einleitung dieselben (der Fischerei) überwöge", so die kapitalistische Logik des Einleitungsbescheids. Nach dem kläglichen Ausgang des Verfahrens für die Biebricher 'Bürgerinitiative' war dem Protest gegen die neue Variante der Abwasserentsorgung bei Kalle der Elan genommen. Keine der unterlegenen Parteien legte Widerspruch ein. Der kommandierende Herr Major konnte im Kriegsministerium gehorsamst einen Phyrrus-Sieg für den Militärsport vermelden lassen. Spätere Generationen hatten's auszufechten, auszubaden. Die rechtsrheinischen Biebricher Strandbäder mußten noch vor der Jahrhundertwende - für Zivilisten wie für Uniformierte - geschlossen werden.

Wiesbaden in der Weimarer Republik

„Die Wacht am Rhein" - Eine 1920 in Mainz geprägte und illegal verbreitete Messingplakette

Horst Dickel

Von „Utscheböbbes", „Hawwera" und „Kultebüttel" oder Wie der Rheingau einmal richtig schwarz war

1928 veröffentlichte Leo Sternberg, Literat und Amtsrichter aus Rüdesheim, das Schauspiel „Die Separatisten", in dem er die Vorgänge um den Rheingauer Separatisten-Putsch im Jahre 1923 dramatisch dokumentiert. Darin entwickelt sich dieser Dialog zwischen einem marokkanischen Wachsoldaten und einem Rheingauer:

EGENOLF: ... Wissen es selbst, die armen Teufel, daß keiner mehr die Heimat wiedersieht ... So möchten sie uns auch massacrieren ... Zwanzig Millionen Deutsche zuviel ... (Zur Wache) Deutschland auch kaputt ...
WACHE: Marokko nix Krieg mit Deutschland ... Deutschmann hassen Deutschmann (Nachahmung der Wildheit) Wuwuwu! ... Deutschland viel dumm ...
EGENOLF: Zum Heulen ... Von den Schwarzen bemitleidet ... !

Es muß schon einen eigenartigen Schrecken ausgelöst haben, als in den ersten Dezembertagen des Jahres 1918 die französische Armee im Rheingau einrückte. Die allermeisten Menschen sahen zum erstenmal in ihrem Leben „richtige Afrikaner". Woher sie kamen, wie sie ausgerechnet in den urdeutschen Rheingau kamen - so genau wußte man es nicht, wollte es auch nicht wissen. Schnell fanden sich Namen, ohne daß jemand gewußt hätte (oder heute weiß), wie genau sie entstanden waren: für die einen hießen sie „Utscheböbbes", für andere „Hawwera", wieder andere bevorzugten „Kultebüttel".
Fragt man heute ältere Rheingauer nach Erinnerungen an ihre Jugend in der Besatzungszeit, so wird schnell deutlich, daß die Tatsache der französischen Besatzung als solcher und die Rolle der afrikanischen Soldaten fast gleichgesetzt wurden und werden. So steht „Utscheböbbes" in vielen

Äußerungen einfach für „französische Besatzer". Und zwischen Nordafrikanern und Schwarzafrikanern unterschied man schon gar nicht. Egenolf verkörpert in Sternbergs Schauspiel das Rheingauer Fußvolk, den „Rheingauer auf der Straße" und dessen Empfindungen angesichts der Fremden. Da mischen sich die Verachtung für den „Schwarzen" (der eigentlich ein Marokkaner ist) und die Vorstellung einer monumentalen Gefährdung, die von ihm und seinesgleichen für deutsches Leben ausgeht. Zwanzig Millionen Deutschen standen in Gefahr, „massacriert" (nicht einfach getötet) zu werden!
Tatsächlich hielt sich die Gefährdung der Menschen im Rheingau durch die Fremden in Grenzen. Aus Verwaltungsberichten wissen wir, daß im Gegensatz zu Nachbarkreisen (etwa Wiesbaden) im Rheingau nur wenige farbige Soldaten ständig stationiert waren. So gab es im Dezember 1920 im ganzen Kreis 13 Besatzungssoldaten, davon 6 Marokkaner, einer in Rüdesheim und fünf (als Grenzwache zu dem benachbarten „Flaschenhals") in Assmannshausen. Am 25.2.1921 meldete der Landrat gar „Fehlanzeige", als er die Zahl der farbigen Besatzer angeben sollte. Lediglich in dem kritischen Jahr des „passiven Widerstands" (1923) scheint ihre Zahl höher gewesen zu sein.

Der „Schwarze" und die Dame

Die Traumatisierung der Rheingauer hatte eine deutliche sexuelle Komponente. Im harmlosesten Fall fühlten sich Rheingauer Damen von den „Schwarzen" einfach belästigt. Graf Matuschka-Greiffenclau konnte am 1.7.1930 den Lesern der Rheinischen Volkszeitung folgende „amüsante Anekdote" erzählen: Sperrt da ein französischer Wachposten aus Afrika einer Dame den Weg über die Geisenheimer Rheinbrücke. Wie frische Stiefelwichse glänzt seine kohlschwarze Haut in der flimmernden Sonne. Mehr belustigt als verärgert über die Wichtigkeit, mit der der Schwarze seinen Dienst versieht, fragt ihn die Dame: „Qu'est-ce que vous faites lá?"

Französische Kolonialsoldaten reiten durch Wiesbaden

Stolz lautet seine Antwort: „C'est pour la civilisation, madame".
Die huldvolle Verachtung schlug um in Aggressivität, wenn sich Mädchen „mit den Utscheböbbes abgaben", wie es der Rheingauer Anzeiger ausdrückte. Kinder sangen ihnen auf der Straße hinterher: „Braun ist der Kaffee, braun ist das Bier, braun ist der Hawwera, den ich poussier!". Und man hörte von Vergewaltigungen ...
Im Volksrecht, dem Parteiorgan der USPD, stand am 8. Jan. 1921 zu lesen, daß das Geschrei über die „Sittlichkeitsverbrechen" im Rheingau eine „ungeheuerliche Übertreibung" sei; und das Blatt empfahl den wenigen Rheingauer Genossen, sich keinesfalls an den Kampagnen wider die „Schwarze Schande" zu beteiligen - die Empfehlung schien offenbar notwendig zu sein. Aber wer las schon im Rheingau das Volksrecht?
Die französische Propaganda versuchte, solch tiefsitzenden Ängsten über ihre in Afrika angeworbenen Armeeangehörigen zu begegnen. So zeigt ein Bild in einer Armeezeitung das andere, entgegengesetzte Klischee: Da spielen schwarze Soldaten fröhlich und friedlich wie Kinder ... Es darf bezweifelt werden, ob diese Propaganda Wirkungen erzielte.

„Rheinlandbastarde"

Am 30.6.1930 zogen die französischen Besatzer und mit ihnen ihre farbigen Truppenteile ab. Der Rhein war wieder deutsch, die, wie es Rheingauer Anzeiger und Geisenheimer Lokalanzeiger gemeinsam ausdrückten, „Kulturschande unseres Jahrhunderts" oder Frankreichs „Peitschenschlag im Angesicht der weißen Rasse" endlich getilgt. Doch nicht ganz ... „Rheinlandbastarde", so nannten die Nazis (und nicht nur sie) die Kinder aus Beziehungen zwischen deutschen Mädchen und farbigen Soldaten. Drei solcher Kinder gab es im Rheingau, wie der Kreisausschuß dem Regierungspräsidium am 28.4.1927 diensteifrig mitteilte. Die Nazis brauchten nur noch zuzugreifen. Die Mutter eines der Kinder: ihr Sohn sei im Sommer 1935 plötzlich eines Morgens von zwei Herren und einer Dame in einem Auto nach Darmstadt abgeholt worden. Als Zweck wurde gesagt, daß er sterilisiert würde, da er marokkanischer Abstammung sei, also Mischling. Sie habe sich gewehrt so gut sie konnte, besonders da ihr Sohn damals über seine Herkunft noch nichts wußte. Nach acht Tagen forderte man sie auf, den Jungen in Darmstadt wieder abzuholen ... Der Junge sei danach sehr schweigsam gewesen.

Die Erotik der Massenkultur: Kino - ein Vergnügen der „kleinen" Leute in den 20er Jahren

Der Siegeszug der modernen Massenkultur setzte zu Beginn unseres Jahrhunderts ein, er erreichte in den 20er Jahren einen ersten Höhepunkt. Vor allem das urbane Leben wurde durch die neue Massenkultur umgeformt: Radio, Schallplatte, Film, Revue, Jazz, Mode, Massenliteratur, Zuschauersport, Reklame u.ä. prägten zunehmend den Alltag, revolutionierten die „Kultur der Sinne".

Wiesbaden sah sich damals mehr als heute in der Rolle einer „Filmstadt". Vor und nach dem Ersten Weltkrieg war die Stadt Drehort und Kulisse des umtriebigen Filmpioniers Edy Dengel, dessen zahlreiche Produktionen nicht nur von einer lokalen Öffentlichkeit neugierig begleitet und verfolgt wurden, sondern auch über Wiesbaden hinaus Aufmerksamkeit fanden. - Daneben gab es aber auch schon vor dem Ersten Weltkrieg eine „Wiesbadener Vereinigung zur Bekämpfung von Schund und Schmutz in Wort und Bild", die sich u.a. um eine steuerliche Förderung anspruchsvoller Filme bzw. um eine größere Belastung „minderwertiger" Produktionen bemühte. Seit den 50er Jahren versucht Wiesbaden mit einigem Erfolg an die Tradition als Drehort anzuknüpfen.

Im Verlauf seiner Entwicklung wurde das Kino von einem geringgeschätzten Jahrmarkt- und Unterschichtenvergnügen zu einem respektablen Ort der Freizeitgestaltung für alle Bevölkerungskreise. Die mondäne Kurstadt war modernen, künstlerischen, sozialen und technischen Innovationen durchaus offen. Gemessen an der Einwohnerzahl gab es im Wiesbaden der 1920er Jahre im Vergleich zu anderen deutschen Großstädten relativ viele Kinos und Kinoplätze. Bereits vor 1914 wurden mindestens sieben Kinos betrieben, während der Weimarer Zeit kamen noch sechs hinzu. Für das Frühjahr 1935 verzeichnet die „Statistik des Deutschen Reichs" für Wiesbaden 14 Kinos, von denen wiederum die meisten täglich drei oder mehr Vorführungen anboten. Während im Jahr 1920 reichsweit nur 20 Kinoplätze auf tausend Einwohner kamen und 1930 ca. 30 auf tausend, lagen die Zahlen für Wiesbaden jeweils deutlich höher. Die Kinos wurden in Wiesbaden schon vor dem Ersten Weltkrieg, in dem sich der Propagandawert des Films manifestierte, „hoffähig". Sie wurden Teil des städtischen gesellschaftlichen Lebens. So erschienen am 30. Januar 1914 zur Eröffnung des Thalia-Theaters prominente Gäste in Equipagen und Droschken, an der Spitze Oberbürgermeister Glässing, Bürgermeister Travers, Beigeordnete, Stadträte, Stadtverordnete und Damen und Herren der Gesellschaft, des Kultur- und Wirtschaftslebens der Kurstadt. Die Kurverwaltung nahm kinematographische Vorführungen aus dem Wiesbadener Kurleben in ihr Programm auf. Spektakuläre Vorkommnisse scheint es im Gegensatz zu anderen Großstädten bei der Präsentation umstrittener Filme (man denke etwa an Aufführungen des von der politischen Rechten erbittert bekämpften russischen Films „Panzerkreuzer Potemkin") nicht gegeben zu haben.

Gleichwohl begegnete ein Teil der bürgerlichen Öffentlichkeit, die Kirchen, aber auch die organisierte Arbeiterbewegung dem Kino mit beträchtlichem Unbehagen.

Kino und Arbeiterschaft

Die Arbeiterpartei SPD nahm von den faszinierenden modernen Medien Kino und Film nur in abwehrender Weise Notiz. Sie hat sich in diesem Bereich konventionellen Bewertungsmustern angeschlossen: Wie der konservativ-bürgerlichen und vor allem der konfessionellen Öffentlichkeit galt ihr das Kino und das Medium Film als ästhetisch „minderwertig" und moralisch „anrüchig".

Diese Haltung stand indes im krassen Gegensatz zur Beliebtheit, die der Film von Anfang an vor allem bei Arbeiterjugendlichen und Arbeiterfrau-

Wiesbadener Tagblatt. Samstag, 31. Januar 1914.

Thalia-Theater

Kirchgasse 72. **Wiesbaden.** Telephon 6137.

Modernes und grösstes Lichtspielhaus Wiesbadens

mit 500 Sitzplätzen. Neueste Projektions-Anlagen, Zentralheizung und Lüftungs-Anlagen mit ständiger Luftzuführung.

Samstag, den 31. Januar 1914,
nachmittags 5 und abends 8 Uhr:

Eröffnungs-Vorstellung

Spielplan:

Jubel-Ouverture von Bach (Thalia-Orchester).

Willkommen im Thalia! Ein Film-Prolog von 500 Kino-Metern und ein paar Versen von Wilhelm Clobes - Wiesbaden.

Wiesbaden im Film
Eine Revue in 5 Wiesbadener Flimmerbildern:

1. Das Thalia-Theater vor der Eröffnung
2. Ein Sonntagsbummel auf der „Wimmelstrasse".
3. Von der Kirchgasse zum Kochbrunnen.
4. Unsere Feuerwehr.
5. Eine Rundfahrt durch Wiesbaden.

Hierauf:

ATLANTIS

Dramatisches Schauspiel in 6 Akten von Gerhart Hauptmann.

Eigenes grosses Künstler-Orchester.

Preise der Plätze: Loge Mk. 2.50, Rang 1. Reihe Mk. 1.75, Rang 2.—4. Reihe Mk. 1.50, Parkett I. Platz Mk. 1.30, II. Platz 85 Pf., III. Platz 50 Pf.

Die Direktion.

Am Sonntag, den 1. Februar, nachmittags 3, 5½ und 8½ Uhr: Wiederholung des glänzenden Eröffnungs-Programms.

Ganzseitige Anzeige zur Eröffnung des „Thalia-Theaters" am 31. Januar 1914 im Wiesbadener Tagblatt (Morgenausgabe)

en fand, für die der Kinobesuch in zunehmendem Maße ein Alltagsvergnügen wurde.
Ein Beispiel für die Rückzugsgefechte der Sozialdemokratie gegen die neue Massenkultur: In den 20er Jahren schloß die SPD allmählich ihren Frieden mit dem „stummen“ Film. Als Ende 1929 die ersten Tonfilme in Wiesbaden aufgeführt wurden, reagierte die sozialdemokratische Volksstimme auf diese markttrachtige Sensation wieder mit unverhohlener Abneigung. Die SPD machte sich bei ihrer Polemik gegen den Tonfilm die Argumentation derjenigen zu eigen, die durch die „Konservenkunst“ ihren Arbeitsplatz als Kinomusiker verloren: „Tonfilm ist schlechtes Theater, Halbseide oder aber Margarine. Der hundertprozentige Tonfilm ist nichts anderes als eine hundertprozentige Verdummung des Publikums. Das Publikum muß für minderwertige Ware mehr Geld bezahlen als für die bessere Ware des stummen Films mit lebender Musik...[der Tonfilm kann] sich niemals zu einem solchen Kulturfaktor entwickeln..., wie es der stumme Film bereits geworden ist.“
Damit entfernte sich die Partei allerdings selbst von ihrer eigenen Klientel. Denn viele Arbeiterinnen und Arbeiter berichteten begeistert vom Kinobesuch. Ihre Erzählungen stehen häufig im Zusammenhang von Jungen/Mädchenstreichen, Lausbübereien, vom Elternüberlisten, von ersten Freundschaften und erotischen Beziehungen. Beim - natürlich unerlaubten - Gang zum Lichtspieltheater halfen gelegentlich Verwandte mit, aber auch das Kinopersonal. Es ermöglichte nicht selten den Eintritt, wenn die Jugendlichen nicht genug Geld hatten. In solchen Fällen wurden einfach keine Karten ausgegeben; die Veranstalter bzw. deren Angestellte begnügten sich mit einem geringeren Eintrittsgeld, das dann freilich nicht versteuert wurde. In der Arbeiterschaft gab es aber auch eine Gruppe, die für sich selbst und für die eigenen Kinder jeglichen Kinobesuch ablehnte. Ein typisches Beispiel:
Frau N. (geb. 1906): „Der Gedanke, ins Kino zu gehen, der kam uns gar nicht. Geld ausgeben konnten wir nicht.“ Auch die sozialdemokratische Jugendbewegung lehne das Kino kategorisch ab. Frau N. nahm auch nicht an Tanzvergnügungen teil. „Da mußte ja was verzehrt werden. Und das war ein bißchen ein Heiratsmarkt.“ Nicht selten wurde von dieser Gruppe der Besuch von Lichtspieltheatern mit dem zweifelhafter Etablissements in Zusammenhang gebracht.
Das Kino spielte vor allem bei verheirateten Frauen, die selbst keinen Beruf hatten, eine große Rolle. Für Frauen war das Kino häufig der einzige, regelmäßig genutzte öffentliche Unterhaltungsort, zumal ihnen bis 1908 eine politische Betätigung verboten war und sie demzufolge kaum in Kneipen, Vereins- und Parteilokalen zu finden waren. Die Filmindustrie war dementsprechend von Anfang an bemüht, besonders auf die Interessen und Bedürfnisse von Frauen einzugehen. Ein zeitgenössischer Bericht klagte: „Viele Frauen, oft mit ganz kleinen Kindern, meist ohne Begleitung ihrer Männer, waren zu bemerken, auch manchmal mit Män-

An das Publikum!

Achtung! **Die große Lüge des Tonfilms!**

Der Tonfilm hält nicht, was er verspricht!

Das Kino soll eine Volksunterhaltungsstätte sein!
Das Kino soll Euch nach des Tages Last erfreuen und entspannen!
Das Kino soll Euch gute Musik bieten!
Das Kino soll Euch Leistungen guter Artisten zeigen!

Erfüllt das Kino Euere berechtigten Wünsche??

Nein!!

Der Tonfilm allein geboten
verdirbt Gehör und Augen!

Der Tonfilm ohne Beiprogramm mit lebenden Künstlern
wirkt nervenzerrüttend!

Nur

Kino mit Bühnenschau und Orchester ist Entspannung und Erbauung!

Fordert Bühnenschau!
Fordert lebendes Orchester!

sonst:

Meidet den Tonfilm!

Deutscher Musiker-Verband. Karl Schiementz
Internationale Artisten-Loge E. V. Alfred Fossil

Das „Walhalla" in den 30er Jahren

Das „Thalia-Theater", Wiesbaden, Kirchgasse 72. Theatersaal mit Rang und Logen, 1917

nern, die wohl nicht ihre Ehemänner sind. Besonders auffällig ist auch der Umstand, daß viele Frauen in Gesellschaft anderer kurz nach dem Abendessen erschienen. Man muß von ihnen annehmen, daß sie nicht von großer Sorge um ihre Kinder angekränkelt sind. Vielfach wurden auch junge Pärchen aus dem Arbeiterstand beobachtet, die sich in nicht ganz einwandfreier Weise auf den weniger beleuchteten Plätzen benahmen. ... Ausgesprochene Straßendirnen, die an ihrem Benehmen sofort erkennbar waren, suchten hier ihre Opfer."

Erzählungen über Kinobesuche stehen sehr häufig im Zusammenhang mit Erinnerungen an Partnerschaften oder enge Freundschaftsbeziehungen, aus denen in der Regel lebenslange Partnerbeziehungen wurden. Nur mit dem „festen" Freund bzw. Freundin ging man häufig ins Kino. Die betroffenen Familien respektierten dies in der Regel; als Verletzung „sozialdemokratischer Werthaltungen" galt diese Freundschaftsbeziehung und der gemeinsame Kinobesuch nur dann, wenn er heimlich und gegen den erklärten Willen der Eltern geschah.

Typisch hierfür ist die Erinnerung von Frau M. (geb. 1905). Die Tochter eines Droschkenkutschers und späteren Polizisten erzählt aus der Zeit, als sie ihren späteren Mann kennenlernte:

„Ach Kino, des war ja doch, um Gottes Willen, des war ja furchtbar verpönt. Ich glaub', ich war 15 oder 16 Jahr' alt, wie ich es erste Mal ins Kino bin ..., da haben wir immer so en Grüppche gehabt, wie des halt so war, so paar Mädchen und auch so en paar Buben. Sonntags nach de Kirch, sinn mir dann, ... und da wollten se all ins Kino, und ich wußt', ich durft' nit ins Kino gehen. ... [Aber später, als die Erzählerin bereits ihren festen Partner hatte.] Des war so ungefähr [19]28, 29 'rum gewesen sein... der war noch heiß, da war'n wir schon drin. Da hab' ich ja schon mein' Mann gekannt, der mußt' ja alle [Filme sehen], was neu war, sehen, der [Film] war kaum im Programm, da war'n wir drin...also [19]28 oder 29 kam der erste Tonfilm."

Die Faszination des neuen Mediums Tonfilm überwand mühelos nicht nur bürgerliche und konfessionelle Ressentiments, sondern auch Barrieren, die die Eltern und andere Erziehungsagenturen gegen den modernen „Schund und Schmutz" aufzurichten versuchten. Die kapitalistische Massenkultur faszinierte auch die Jugendlichen aus der Arbeiterschaft, sie verband sich mit deren tabuisierten erotischen und sexuellen Bedürfnissen.

Lichterglanz - Wiesbadener Filmpalast in den 30er Jahren

Horst Dickel

Biebrich - ein Schwarzer Freitag im Roten Herbst des Jahres 1923

„Als stiller Herbsttag brach der 30. November 1923 in der kleinen, aber damals noch selbständigen Stadt Biebrich am Rhein an. Einem leichten Ostwind war das schöne Wetter zu verdanken, doch brachte er auch, wie stets, den penetranten Chemiegeruch der Großindustrie bis in die Straßen der Rheinstadt ... An jenem Tag, der so friedlich begonnen hatte, rotteten sich auf einmal viele hundert Erwerbslose in den Straßen zusammen. Auch zahllose Frauen und Kinder aller Altersstufen waren dabei. Unschwer war zu erkennen, daß dies alles nicht einem Zufall zu danken, sondern organisiert war! Kein Wunder, denn was den ohne eigenes Verschulden arbeitslos Gewordenen als Unterstützung geboten wurde, war miserabel. Viele vegetierten am Rande des Verhungerns dahin!"

So beschreibt der damals 11jährige Otto Fink den ereignisreichen Freitag im November 1923. Eine Arbeitslosen-Demonstration war nichts ungewöhnliches im Biebrich der frühen 20er Jahre, gerade für Kinder und Jugendliche. Es spielte sich auf ihrem Terrain, der Straße, ab und schien nur geringfügig ernsthafter zu sein als die ewigen „Räuber und Gendarm-Spiele", bei denen immer die „Räuber" siegten. Doch diese Demonstration machte einen besonderen Eindruck auf den Jungen: die große Zahl der Teilnehmer, die Frauen und Kinder, auch war alles auffällig organisiert - „irgendetwas lag in der Luft", so witterte er angesichts der drängelnden, hungrigen Demonstranten.

Die Erwerbslosigkeit war in der Tat stark angestiegen in jenem Krisen-Herbst des Jahres '23. Noch Anfang des Jahres waren nicht einmal 150 Biebricherinnen und Biebricher arbeitslos gemeldet; der Abbau der kriegsbedingten Frauenarbeit und die günstigen Konjunkturdaten hatten es möglich gemacht. Trotz der nach 1919 wieder auf Vorkriegsniveau gestiegenen Bevölkerung von über 21.000 und trotz der schwierigen Produktions- und Absatzlage unter Besatzungsbedingungen herrschte Vollbeschäftigung. Der Einbruch kam relativ plötzlich, vor allem in der Chemie-Industrie. Die Ursachen sind in Stichworten schnell aufgezählt: die schleichende Nachkriegsinflation, die sich inmitten französischer Besatzung, „passiven Widerstands" und niederliegender Produktionskapazitäten in eine Hyper-Inflation mit aberwitzigen Preis- und Lohnhöhen steigerte und die karge Arbeitslosenunterstützung rasend schnell aufzehrte. Glücklich, wer noch einen Arbeitsplatz hatte - im April 1924 gab es offiziell 1224 Arbeitssuchende in Biebrich!

Biebrich in den 20er Jahren (Postkarte)

Die Demonstrierenden des 30. November hätten freilich noch andere Gründe ihres Protestes nennen können. Das Ziel ihres Zuges war ja nicht von ungefähr das Rathaus. Hier saßen die, die sie auch für ihre materielle Notsituation verantwortlich machten: Wieso sorgte der Magistrat (einschließlich seiner sozialdemokratischen Mitglieder) nicht dafür, daß alle eine finanzierbare Wohnung bekamen - Küche und Kammer, das hätte ja für die meisten schon gereicht. Die Wohnungsfrage war überaus kritisch in Biebrich. Die Ursachen waren vielfältig: viele Arbeiter wohnten in Biebrich, arbeiteten aber im nahen Amöneburg (zum Beispiel bei Dyckerhoff oder Albert); es gab gravierende demographische Veränderungen: die auch in Biebrich grassierende „Heiratswut", der immer stärkere Zug zur Kleinfamilie, das faktische Ende des Wohnungsbaus im Weltkrieg und in den Jahren danach infolge von Kapital- und Materialmangel, natürlich auch der von den französischen Militär- und Zivilpersonen beanspruchte Wohnraum. Trotz aller staatlichen und städtischen Förderung des Baugenossenschaftswesens, trotz Werkwohnungsbaus und trotz wiederholter dirigistischer Eingriffe wie Zwangseinweisungen blieben Wohnungen ein Mangel. So

gab es 1922 1200 Wohnungssuchende, 300 davon waren ohne Wohnung! Die Wohnungspreise stiegen exorbitant. Das städtische Wohnungs-und Mieteinigungsamt stand ständig in der Kritik des sehr aktiven Mietervereins, der im Namen seiner etwa 700 Mitglieder, zumeist Arbeiter, immer drängender „Enteignungen“ und „Sozialisierungen“ forderte.
Und warum tat der Magistrat „nichts“ gegen die vielen anderen Nöte, die „Kohlenot“, die „Kartoffelnot“, gegen die galloppierenden Preise? Gegen all die „Schieber“, die Profiteure des Elends des „kleinen Mannes“? Der Haß richtete sich gegen die Behörden, die eine für die „Leute“ abstrakte Ordnung schikanös und kleinlich verteidigten. Und er hatte Namen: der Feldschütze Diehl, der die kleinen Diebe auf den Feldern aufgriff, die Polizisten Tallarek und Stein, denen es auch nicht half, wenn sie öffentlich bekannten, ja „eigentlich sozialdemokratisch“ zu sein. Otto Fink erinnert sich:
„Dißmol henge mer Euch uff!“, „Kaiser, Du Stromer“, „Awweidermerder“. Ich sagte zu dem Mann, der ruhig neben mir stand: „Es gibt doch gakaan Kaiser mehr!“- „Naa“, sagte der, „die mahne de Ahme-Kaiser“. Das war der äußerst unbeliebte städtische Beamte, der alle Fürsorgefragen zu regeln hatte, daher sein Spitzname „Armen-Kaiser“.
Aber dies, die materielle Not der vielen, war nur das eine. Daneben standen andere Faktoren, die aus der Erfahrungsgeschichte Biebricher Arbeiter stammten. Öffentliche Demonstrationen hatte es immer mal wieder gegeben, allein zwischen Oktober 1919 und März 1922 19 Streiks in Biebricher Betrieben... Otto Fink:
„Vielleicht kam es wieder, wie am Samstag, den 26. Juni 1920 zu Hungerdemonstrationen vor den Lebensmittelläden. Damals hatte ich in der Menge gestanden, die vor der Harth-Filiale am Rathenauplatz, gegenüber der katholischen Pfarrkirche, die Herausgabe von Lebensmitteln forderte. Eine Kavalleriepatrouille der Franzosen hatte die Demonstration zerstreut. Mit einem: „Oui mon Capitain!“ hatte der berittene Korporal

Biebrich um 1930 (Postkarte)

den Befehl zur Räumung der Straße entgegengenommen und dann lief alles auseinander. An anderen Stellen hatten die Gewerkschaften den Ladenbesitzern Schleuderpreise für ihre Lebensmittel festgesetzt und die Geschäfte waren bis zum Abend leergekauft worden“.
Und natürlich gab es Plünderungen! Wie etwa auch am 10. und 11. Oktober 1923, als sich eine Versammlung vor dem Rathaus „zusammengerottet“ und anschließend „wieder (!) unlautere Elemente die Vorgänge benutzt (hatten), um die Läden zu plündern“ (Biebricher Tagespost, 15.10.1923).
Der Haß, so chaotisch er sich äußerte, war organisiert, wie der 11jährige wohl bemerkt hatte. Die Anführer kamen aus den Biebricher Arbeiterparteien (mittlerweile also nur noch aus zweien, der SPD und der KPD), und sie waren ständig präsent in den Stätten der immer noch lebendigen Arbeiterkultur in Biebrich: den Vereinen, den Kneipen. Ihre Legitimation bezogen sie aber nicht aus ihrer Parteizugehörigkeit, sondern aus ihren Positionen im Biebricher Gewerkschaftskartell, das seit den Wahlen im März 1923 von den „Linken“ geführt wurde. Der erste Vorsitzende war Ludwig Hochstetter. Er war aus München nach dem Sturz der Räterepublik nach Biebrich gekommen. Hier war er umstritten, besonders bei vielen Sozialdemokraten, aber, so erinnert sich heute Jakob Eser, ein Zeitgenosse, er war ein „blendender Redner. Wenn der Ludwig in der Inflationszeit vor den Arbeitern geredet hatte, dann haben die alle zugehört“. Keinesfalls war er ein „Separatist“, wie ihn die damaligen Polizeiberichte schildern und ihn manche ältere Sozialdemokraten noch heute in Erinnerung behalten haben. Als wenige Tage nach dem Chaos-Wochenende vom 11.- 12. Oktober 1923 die Separatisten versuchten, in Biebrich tatsächlich die Macht zu übernehmen, war es Hochstetter, der die effektive Abwehr der Arbeiter organisierte. An dieser Aktion war auch Ludwig Christmann beteiligt, Betriebsratsvorsitzender bei

Hier spielte sich das Blutbad vom 30. November 1923 ab: Rathaus Biebrich (Postkarte, um 1910)

Albert, noch Mitglied der SPD, aber schon länger isoliert von ihr, weil er als Vorsitzender des bereits erwähnten Mietervereins eine viel radikalere Wohnungspolitik forderte. Der dritte „Anführer" war Franz Belz, Bauarbeiter, kommunistischer Stadtverordneter und späteres NS-Opfer. Was sie alle drei verband, war der Glaube an die unmittelbare Mitwirkung der Werktätigen und ihrer Organisationen an der Regelung kommunaler Angelegenheiten. Auch diese galten ja als klassenbestimmt.

Otto Fink war am 30. November auf dem Rathausplatz. Er wußte aber noch nicht, was sich am Tag vorher ereignet hatte. Da übergibt der von Hochstetter und anderen gebildete „Aktionsausschuß" im Namen des Gewerkschaftskartells um 11 Uhr dem versammelten Magistrat ein Schriftstück; ihm ist zu entnehmen, daß von nun an in Biebrich die Macht an den Ausschuß übergegangen sei. Der Magistrat hatte allen Grund, dies ernstzunehmen. Man kannte die Vorstellungen Hochstetters und seiner Genossen, außerdem hatte inzwischen eine Wache das Rathaus besetzt, und draußen auf dem Platz kam es zu einer „erheblichen Menschenansammlung". Währenddessen brachten andere Mitglieder des Ausschusses überall in Biebrich folgendes Plakat an:

ERKLÄRUNG! An den Magistrat der Stadt Biebrich.

Im Auftrage des Aktions-Ausschusses und Gewerkschaftskartells erklären wir hiermit, daß von heute, Donnerstag, den 29. ds. Monats, ab, die Verwaltung der Stadt Biebrich in unsere Hände übergeht.

Wir erklären hiermit, daß der seitherige Magistrat mit dem heutigen Tage nur in Gemeinschaft mit dem vorläufigen Verwaltungsrat, bestehend aus fünfzehn hiesigen Bürgern, die aus allen Schichten der Einwohnerschaft entnommen werden, handelt.

An der Spitze des Verwaltungsrats steht der von uns vorläufig ernannte Vorsitzende bezw. Verwaltungskommissar Hochstetter oder dessen Stellvertreter Christmann.

Eine wesentliche Änderung innerhalb der Verwaltung tritt vorläufig nicht ein und hat jeder seinen seitherigen Dienstobliegenheiten, wie bisher pünklicher Weise nachzukommen [sic].

Die Polizei ist dem Verwaltungsrat untersellt und sind dessen Anordnungen strikte zu befolgen [sic].

Nähere Anweisungen erfolgen sobald der Verwaltungsrat seine Tätigkeit aufgenommen hat.

Gewerkschaftskartell
gez. Hochstetter
Der Aktionsausschuß.

Noch in der Nacht gelang es einem verstäkkten Polizeiaufgebot, Hochstetter und Christmann festzunehmen, doch das eigentliche Drama spielte sich erst am Nachmittag des nächsten Tages ab. Oberbürgermeister Vogt beschrieb das in einem späteren Bericht aus der Sicht der Ordnungsmacht so:

„Um ca. 4 1/2 Uhr sammelte sich dann in der Schulstraße eine größere Menge, die geschlossen mit großem Lärm unter Rufen wie: „Heute hängen wir Euch alle auf!" auf den Rathauseingang drängte. Plötzlich griff die Menge die Beamten am Rathaus tätlich an, mit Messer, Knüppel und Revolver (1 bestimmt). Die Beamten schrieen ein letztes mal „Zurück!". Die ersten Beamten wurden niedergerissen, worauf von den übrigen Polizeibeamten das Feuer eröffnet wurde. Jetzt erst wich die Menge zurück. Die auf dem Platz verbliebenen Tote und Verwundeten wurden in das Rathaus bzw. das Nebengebäude verbracht."

Der 11jährige Otto Fink stand keine zwei Meter von der Stelle entfernt, an der ein Demonstrant tödlich getroffen wurde. Im Kugelhagel starben noch drei weitere Personen. Fünf weitere wurden verwundet. Von ihnen starben noch zwei. Diesmal hatten die „Gendarmen" gesiegt.

Der Wiesbadener Schloßplatz zur Zeit der französischen Besatzung 1918-1925

Thomas Weichel

Billionenraub für die „Rheinische Republik" - Gangster und Separatisten im besetzten Wiesbaden der Zwanziger Jahre

Zwölf bewaffnete Männer überfielen am 27. November 1923 die Druckerei Ritter in der Luisenstraße. Hier lockte das große Geld, denn die alteingesessene Firma druckte im Auftrag des Reiches Banknoten.
Die Beute betrug 106.694.400 Milliarden Mark. Nein, dies ist kein Druckfehler, die Räuber nahmen tatsächlich über einhunderttausend Billionen Mark mit - das ist eine Zahl mit 17 Nullen. Transportieren ließ sich die Beute überhaupt nur, weil sie aus handlichen 200-Milliarden-Scheinen bestand. In Deutschland herrschte Inflation und die Geldentwertung erreichte Ende 1923 absurde Dimensionen.
Die Räuber teilten das Geld unter sich auf und machten große Einkäufe in der Stadt und der Umgebung. Sie mußten sich nämlich beeilen, denn ihre Beute verlor täglich an Wert. Ein 200-Milliarden-Schein hatte weniger Kaufkraft als ein Markstück vor dem Ersten Weltkrieg. Am 20. November 1923 hatte die Reichsregierung den Wechselkurs zwischen der neugeschaffenen, durch Gold gedeckten Rentenmark und der alten, noch gültigen „Papiermark" auf eins zu einer Billion festgelegt. Eine endgültige Entwertung der Scheine mit den vielen Nullen war nur noch eine Frage der Zeit.
Die an dem Raubüberfall beteiligten Personen waren teilweise bekannt bzw. ihre Identität hätte sich leicht feststellen lassen. Trotzdem geschah nichts, eine gerichtliche Verfolgung wurde nie durchgeführt.
Der großzügige Umgang mit dem Geld und der glatte Verlauf des Überfalls führte dazu, daß die Täter 10 Tage später wieder zuschlugen. Ein Geldtransportwagen der Dresdner Bank, der große Mengen Bargeld von Frankfurt nach Wiesbaden bringen sollte, wurde auf der Landstraße überfallen. Die Täter zerschossen die Reifen des Bankautos und luden das Geld in ihre Wagen um.
Wieder waren einzelne Täter bekannt, einer wohnte als Gast in einer Villa in der Hildastraße. Doch war es der Polizei verboten, das Haus zu durchsuchen oder den Täter festzunehmen.

Die schützende Hand des Monsieur Mordacq

Der sonderbare „Schutz" für die Räuber hatte seine Ursache in der politischen Situation. Wiesbaden war nach dem Ersten Weltkrieg von Franzosen besetzt worden. Die Stadt gehörte zum Besatzungsgebiet von Mainz, einem von drei ausgedehnten Brückenköpfen, die die Siegermächte nach der deutschen Niederlage 1918 in den Rheinlanden unterhielten. Die französische Regierung förderte bereits früh separatistische Bewegungen, die für die Abtrennung des Rheinlandes eintraten und eine mehr oder minder enge Anbindung des Gebietes an Frankreich anstrebten.
In der Hildastraße war das Hauptquartier der Wiesbadener Separatisten. Da diese zeitweise eng mit der französischen Besatzungsmacht zusammenarbeiteten, waren sie vor dem Zugriff der deutschen Behörden geschützt. Aber der Überfall auf den Geldtransporter hatte auch die Geduld des französischen Kommandeurs Mordacq erschöpft, der über die besetzten Gebiete südlich von Köln herrschte: Die an dem Raub beteiligten Separatisten wurden mit seiner Zustimmung verhaftet. Als Komplize von Gangstern wollte das französische Militär doch nicht in aller Öffentlichkeit dastehen.

„An das rheinische Volk!“

Insgesamt war der Separatistenbewegung wenig Erfolg beschieden. Bereits 1919 hatten die Separatisten unter Führung des ehemaligen Staatsanwalts Dr. Dorten in Wiesbaden die Rheinische Republik ausgerufen und entsprechende Plakate in der Stadt angeschlagen. Darauf war zu lesen: „An das rheinische Volk! Der Augenblick ist gekommen, wo es gilt, dem Völkerfrieden eine Brücke zu bauen. In dieser Stunde höchster Not, die auch über sein eigenes Geschick die Entscheidung bringen soll, verlangt das rheinische Volk selbst gehört zu werden [...] Es wird eine selbständige rheinische Republik im Verbande des deutschen Reiches als Friedensrepublik errichtet, die das Rheinland, Altnassau, Rheinhessen und die Rheinpfalz umfaßt [...] Es lebe die rheinische Republik! Aachen, Mainz, Speyer, Wiesbaden, 1. Juni 1919.“

Der Versuch der Separatisten, die Regierung zu übernehmen, scheiterte aber trotz Unterstützung durch die Franzosen binnen weniger Tage. Weder Behörden noch Bevölkerung mochten sich den Anordnungen der Separatisten fügen.

20 Milliarden mit der Kaufkraft von 10 Pfennigen

Im Jahre 1923 glaubten sie und wohl auch die französische Regierung, die Gunst der Stunde erneut nutzen zu können. Das Deutsche Reich hatte die im Versailler Vertrag festgelegten Reparationszahlungen für den Ersten Weltkrieg nicht zahlen wollen und können. Franzosen und Belgier besetzten daraufhin das Ruhrgebiet, um dort Kohle und Stahl unmittelbar beschlagnahmen zu können. Das Deutsche Reich, militärisch handlungsunfähig, reagierte mit der Ausrufung eines passiven Widerstandes, der die Verweigerung aller Leistungen an die Besatzungstruppen einschloß. Die daraus folgenden wirtschaftlichen Schwierigkeiten verschärften die bereits zuvor ständig fortschreitende Inflation zur „Hyperinflation“. Die Destabilisierung Deutschlands in der Phase des „Ruhrkampfes“ 1923 nutzten die Separatisten in Wiesbaden zu einem neuen Versuch die Regierung zu übernehmen. Es war ein sehr buntes Völkchen, das sich hier hinter der Fahne der Rheinischen Republik sammelte. Neben einigen Idealisten gehörte auch eine große Zahl zwielichtiger Elemente dazu, die die Gelegenheit zur persönlichen Bereicherung nutzen wollten.

Abermals verweigerten die Wiesbadener Behörden die Zusammenarbeit mit den selbsternannten Führern der Rheinischen Republik. Den Separatisten gelang es zwar, einige Amtsgebäude in der Stadt zu besetzen, darunter das Landeshaus, doch konnten sie keine Regierungsgewalt ausüben. Ihre Aktivitäten beschränkten sich im wesentlichen auf die Verwüstung und die teilweise Plünderung der Regierungsgebäude.

Die Bevölkerung lehnte weiterhin in ihrer großen Mehrheit die „Rheinische Republik“ ab. Dafür, daß die Separatisten keine Sympathie genossen, hatten letztlich die französischen Besatzungstruppen selbst gesorgt. Ihre harte, kompromißlose Politik gegenüber den Deutschen in den besetzten Gebieten und die zahlreichen, teils völlig willkürlichen Ausweisungen von Beamten in das nicht besetzte Reichsgebiet führten dazu, daß jeder diskreditiert war, der mit den Franzosen zusammenarbeitete oder unter ihrem Schutz stand.

Als der Mißerfolg der Separatisten und ihr Hang zur Selbstbereicherung deutlich wurden, zogen die Franzosen schließlich ihre schützende Hand zurück. Die Disziplinlosigkeit unter den Separatistenverbänden führte Mitte Dezember 1923 zum weitgehenden Zerfall der Bewegung. Ihr Führer Dorten verließ Deutschland und eröffnete eine Rechtsanwaltskanzlei in Nizza. Die letzten Besetzer räumten die öffentlichen Gebäude am Jahresende 1923. Wiesbaden stand aber weiter unter fremder Besatzung. Allerdings wurden die Franzosen zum Jahresende 1925 von den etwas liberaleren Engländern abgelöst. Als Mitte 1930 die letzten fremden Truppen Wiesbaden verließen, zeichnete sich aber bereits neues Unheil ab.

Das Dotzheimer Rathaus: 1923 verteidigten Dotzheimer Handwerker und Gewerkschaftler das Gebäude gegen die Separatisten

Klaus Kopp

Ein „elendes Nest“ Politik im „roten Dotzheim“ der Zwanziger Jahre

Als am Abend des 12. November 1918 im Gasthaus „Rebenstock“ der Tüncher Theodor Bach zum Vorsitzenden des neugebildeten Arbeiter- und Bauernrates gewählt wurde, erfaßte ein Hauch von Revolution auch das „rote Dotzheim“. Am Vortag war der Waffenstillstand in Kraft getreten. Doch schon seit Wochen befand sich die staatliche Ordnung in Auflösung, nachdem die Oberste Heeresleitung am 28. September 1918 die militärische Niederlage Deutschlands hatte eingestehen müssen. Meuternde Matrosen und Soldaten des Heimatheeres, mit denen sich streikende Arbeiter solidarisierten, bildeten spontan und ohne zentrale Lenkung revolutionäre Arbeiter- und Soldatenräte. In Wiesbaden war am 9.November gleichfalls ein Arbeiter- und Soldatenrat gewählt worden, der im Stadtschloß seinen Sitz nahm; am gleichen Tag entstand auch ein Rat in Biebrich. Theo Bach, am 23. September 1879 in Wiesbaden geboren, hatte schon vor dem Krieg vergeblich versucht, kommunalpolitisch in Dotzheim Fuß zu fassen. Zwar wurde er 1908 bei den Gemeindevertreterwahlen von der Sozialdemokratie für die III. Klasse nominiert, scheiterte aber. Wegen seiner Umtriebigkeit, die zu schweren Auseinandersetzungen im Ort geführt hatte, mußten ihn die Sozialdemokraten 1910 sogar kurzfristig von der Liste nehmen, um nicht den Wahlsieg ihrer Kandidaten zu gefährden.

Arbeiter- und Bauernrat contra Rathaus

Nun dominierte Bach das politische Geschehen im Nachkriegs-Dotzheim und versuchte, mit Hilfe eines über die Gemeindeverwaltung ausgeübten Kontrollrechts des Arbeiter- und Bauernrates im Zuständigkeitsbereich der Exekutive mitzuwirken. Für die Gemeindeangestellten setzte er umgehend den Acht-Stunden-Tag durch und erreichte, daß das Holz aus den Gemeindewäldern nach Einheitspreisen verteilt und nicht mehr versteigert wurde. Das Entfernen der Kaiserbilder aus den Amtsstuben forderte er ebenso erfolgreich wie die Verwarnung von Lehrern, die Kinder verprügelten. Am wichtigsten war jedoch die Sicherung der Lebensmittelversorgung besonders für die Familien, deren Ernährer gefallen, gefangen oder noch nicht aus dem Heer entlassen worden war. Anfang Dezember 1918 trat er als Sprecher der linken Unabhängigen Sozialdemokratischen Partei (USPD) auf und agitierte gegen jedes „Paktieren mit den Regierungssozialisten“, seiner früheren politischen Heimat. Wenige Tage später wurde er zum Dotzheimer Vorsitzenden der USPD gewählt. Diese Partei hatte sich 1917 im Streit um die Billigung oder Ablehnung von Kriegskrediten und Staatshaushalt von der SPD abgespalten. Doch der Einmarsch der französischen Besatzungstruppen am 19. Dezember 1918 bremste Bachs Höhenflug: Die Franzosen lösten den Arbeiter- und Bauernrat kurzerhand auf. Denn die revolutionäre Grundströmung der Rätebewegung störte ihre Bestrebungen, durch die Förderung partikularistischer oder besser separatistischer Aktivitäten zu einem vom Reich getrennten autonomen „Rheinland“ zu gelangen. Auch der Wiesbadener Arbeiterrat (einen Soldatenrat gab es mangels Soldaten schon nicht mehr) fand deshalb am 14. Dezember gewaltlos sein Ende.

Bach jedoch gewann schnell eine noch breitere

Machtbasis, denn er wurde Anfang 1919 Vorsitzender des einflußreichen Dotzheimer Gewerkschaftskartells. Die Kommunalwahlen 1919 brachten der USPD unter seiner Führung acht Sitze gegenüber je fünf Sitzen für SPD und Bürgerliche. Die Folge war, daß Sozialdemokraten und Bürgerliche zusammengingen, um den USPD-Einfluß einzuschränken. Auf Antrag Bachs nahm die Dotzheimer USPD 1920 den Zusatz „Mitglied der 3. Internationale“ auf und schloß sich - nach dem Parteitag in Halle - im folgenden Jahr als Filiale Dotzheim der „Vereinigten Kommunistischen Partei Deutschlands“ an.

SPD und KPD - Kommunalpolitische Grabenkämpfe

Die beiden Linksparteien SPD und KPD (eine außerdem noch vorhandene Dotzheimer Rest-USPD sank schnell zur Bedeutungslosigkeit herab) kämpften nun mit wechselndem Erfolg um

Theodor Bach (1879-1944)

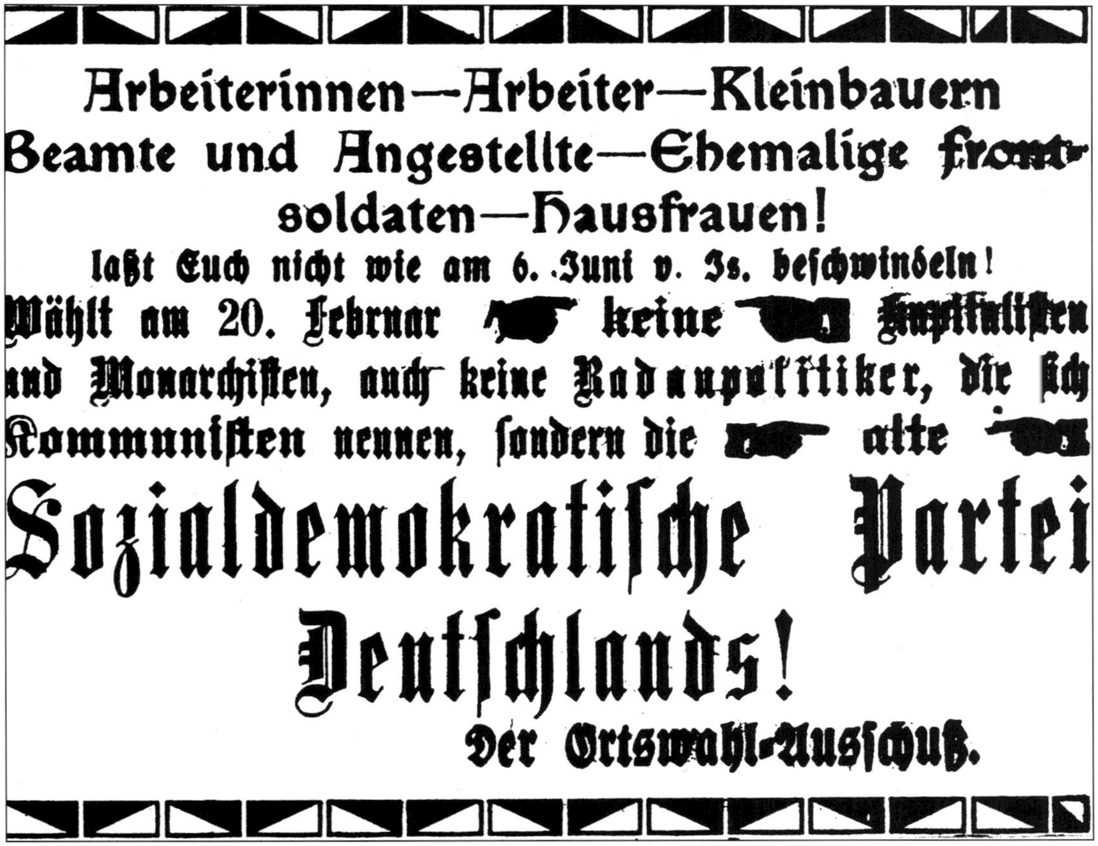

Arbeiterinnen—Arbeiter—Kleinbauern
Beamte und Angestellte—Ehemalige Front-
soldaten—Hausfrauen!
laßt Euch nicht wie am 6. Juni v. Js. beschwindeln!
Wählt am 20. Februar keine Kapitalisten
und Monarchisten, auch keine Radaupolitiker, die sich
Kommunisten nennen, sondern die alte
Sozialdemokratische Partei
Deutschlands!
Der Ortswahl-Ausschuß.

Wahlaufruf der SPD (Dotzheimer Zeitung v. 19.2.1921)

Macht und Einfluß in der Gemeinde. Während die KPD bei den Gemeindewahlen 1924 von 18 Sitzen acht gewann (SPD: 4), lag bei den Reichtagswahlen von 1924 die SPD mit 1163 von 2882 abgegebenen Stimmen weit vor der KPD mit 620 Stimmen. Hier zeigte sich deutlich, daß die Dotzheimer sozialdemokratisch empfanden, aber bei den Gemeindewahlen das persönliche Engagement ihres „Wutze-Baabe“, wie Theo Bach liebevoll-respektlos genannt wurde, honorierten.
Im Zuge der Auseinandersetzungen um die Wiederwahl des seit 1913 amtierenden populären parteilosen Bürgermeisters Eduard Sporkhorst stieß Bach mit dem SPD-Repräsentanten August Hölzel zusammen. Dieser, am 16. April 1887 in Dotzheim geboren, war seit 1924 Schöffe im Gemeindevorstand, Gewerkschaftssekretär und Vorstandsmitglied einiger Dotzheimer Arbeitervereine. Er stellte sich emotionslos hinter Sporkhorst, da er erkannt hatte, daß in der unvermeidlichen Diskussion um die Eingemeindung der bürgerliche Verwaltungsexperte der Gemeinde wertvolle Dienste leisten konnte. Bach hingegen forderte vehement die Abwahl Sporkhorsts, dem er insbesondere eine unsoziale Einstellung gegenüber den „Kriegerfrauen“ während der Not der Kriegsjahre ankreidete. Doch Bachs Vorstoß scheiterte. Sporkhorst wurde am 17. März 1925 mit 10 zu 8 Stimmen im Amt bestätigt.

August Hölzel (1887-1944)

Ende Oktober 1927 setzte sich in der Gemeindevertretung einstimmig die Auffassung durch, daß die Eingemeindung nach Wiesbaden unumgänglich sei. Am 4. Januar 1928 wurde der von Wiesbaden vorgelegte Eingemeindungsvertrag im Prinzip akzeptiert. Man bewegte sich dabei auf der Linie, die - bis auf Bierstadt, Erbenheim und Georgenborn - alle übrigen für die Eingemeindung vorgesehenen Vororte verfolgten, also Angliederung unter Wahrung der ausgehandelten Rechtspositionen.

Dotzheim als Wiesbadener Stadtteil

Bei den Kommunalwahlen vom 20. Mai 1928 zum vergrößerten Stadtparlament errang die SPD im Stadtteil Dotzheim 1206 Stimmen gegenüber 1099 Stimmen der KPD; je einen Stadtverordneten entsandten KPD (Theo Bach) und SPD (Ernst Schmidt). Bei den Wahlen zum hessen-nassauischen Kommunallandtag am 17. November 1929 kamen Theo Bach und der Sozialdemokrat August Hölzel zum Zug. Beide wurden seit 1933 vom Nazi-Regime verfolgt. Verhaftungen, Verhöre und Inhaftierungen lösten einander ab. Der Lebensweg führte die beiden Dotzheimer Politiker im fernen Dachau wieder zusammen. Im dortigen Konzentrationslager erlag August Hölzel am 16. Oktober 1944 dem Nazi-Terror, Theodor Bach am 9. Februar 1945.

Die Eingemeindungsfrage

Jetzt trat die Eingemeindungsfrage in den Vordergrund und erregte fortan die Gemüter. In der Sitzung des Gewerkschaftskartells am 18. April 1926 in der „Krone" war Bach hin- und hergerissen. Gerade war ruchbar geworden, daß Wiesbadens Oberbürgermeister Fritz Travers es abgelehnt hatte, mit der „armen Arbeitergemeinde" Dotzheim überhaupt zu verhandeln. Also forderte Bach die unverzügliche Eingemeindung, da die konservativen Stadtväter offensichtlich „das Übergewicht der proletarischen Macht" befürchteten. Wieder plädierte August Hölzel für Zurückhaltung, um Dotzheims Chancen in dem zu erwartenden Eingemeindungspoker nicht zu gefährden. Hoch gingen die Wogen in der Gemeindevertretersitzung vom 3. Mai 1926. Bürgermeister Sporkhorst mußte einräumen, daß Oberbürgermeister Travers nicht nur von der armen Arbeitergemeinde, sondern in Geheimverhandlungen ausdrücklich von dem „elenden Nest Dotzheim" gesprochen habe. Die Dotzheimer beschlossen daraufhin einmütig einen offiziellen Protest.

Dotzheim: Neugasse

„Bringt Tucholsky zum Schweigen“ - Schlagende Argumente auf der Wilhelmstraße

1929 wurde das vornehm-repräsentative Gebäude der Wiesbadener Casino-Gesellschaft sozusagen unschuldigerweise zum Schauplatz eines Ereignisses, in dem sich die politische Entwicklung der kommenden Jahre ankündigte. Schon in diesem Jahr hatten die Nationalsozialisten in Wiesbaden den Durchbruch geschafft. Bei den Kommunalwahlen am 17. November 1929 sorgten 13.000 Wähler, das waren 16,1% der Wahlberechtigten, dafür, daß die braune Protestpartei neun Vertreter in das Stadtparlament schicken und zur drittstärksten Fraktion aufsteigen konnte. Und der Nassauische Beobachter, das Parteiblatt, kündigte kurz nach dem Wahlerfolg selbstbewußt an: „Der Kampf geht weiter!“ Ein Lieblingsobjekt der ‘Kämpfer’ in der NSdAP war die Wiesbadener Kultur, die als durch und durch „verjudet“ hingestellt wurde. Die Verjudung wurde, wie immer, wenn es galt eine Verschwörung zu beweisen, an einzelne Personen geknüpft: an Paul Bekker etwa, den Intendanten des Staatstheaters, an Otto Klemperer, den Leiter des Opernorchesters in den 20er Jahren, oder an Hans Olden, den Leiter der „Literarischen Gesellschaft“. Das NSdAP-Blatt konnte in seinem Kampf gegen „undeutsche und kommunistische Kultur“ auf Verbündete aus dem Wiesbadener Bildungsbürgertum setzen. Wenige Monate vor dem Wahltriumph der NSdAP von 1929 hatte sich in Wiesbaden ein „Kampfbund gegen Schmutz und Schund“ gebildet. Der Anlaß war die Aufführung von Brechts „Trommeln in der Nacht“. Der Leitung der Initiative gehörten Theo Habicht, Wiesbadens führender Nationalsozialist, und andere Leute wie Dr. Fresenius (DNVP), Pfarrer Merz (Evangelischer Bund) und Oberlehrer Küpper (Zentrum) an. Mit solchen Mitstreitern ließ sich getrost weiterkämpfen. Und zwar so:

Da hatte doch Hans Olden den Mut gehabt, Kurt Tucholsky zu einem Vortragsabend in das Gebäude der Wiesbadener Casino-Gesellschaft einzuladen. Dies wenige Tage nach dem Wahlerfolg der NSdAP! Der Nassauische Beobachter schäumte: „Das Auftreten dieses widerlichsten Deutschenhetzers und Landesverräters in Wiesbaden ist gerade jetzt nach der Wahl die unverschämteste Provokation der nationalen Wiesbadener Bevölkerung, die sich denken läßt. Es wäre eine dankenswerte Aufgabe, sich die Leute zu merken, die durch den Besuch des Vortrags diesem Juden ihre Sympathie ausdrücken, damit man künftig aus Reinlichkeitsgründen den nötigen Abstand von ihnen wahren kann“.

Die Literarische Gesellschaft
Samstag, 23. Nov. 1929, abds. 8 Uhr, im Kasino Friedrichstraße 22
Kurt Tucholsky
Ernstes und Heiteres aus Zeit und Kunst
Plätze zu 2, 3, 4 Mk. in d. Geschäftsstelle (Konzertdirektion Heinr. Wolff, Friedrichstr.39, Tel.23225), Stöppler, Rheinstr.41, Engel, Wilhelmstr.52, u. a. d. Abendkasse.

Ankündigung von Tucholskys Vortrag in der Jüdischen Wochenzeitung

Der Wiesbadener Skandal

Was dann am 23. November in und um das Gebäude der Casino-Gesellschaft in der Friedrichstraße geschah, durchwaberte tagelang als „Wiesbadener Skandal“ die rechtsgerichtete deutsche Presse. Der Bericht der katholisch-konservativen Westfälischen Landeszeitung aus Münster über den Vorfall veranschaulicht die allgemeine Tonlage. Dabei hatte die Zeitung noch einen pikanten Zwischenfall ignoriert, der in der 'Frontberichterstattung' des Nassauischen Beobachters genüßlich ausgebreitet wurde: „Und dann geschah an diesem Abend eine einzige vernünftige Tat: Die vollbrachte ein Nationalsozialist, der dem Tucholsky, als er unter Gummiknüppelbedeckung durch die aufs äußerste erregten dichten Menschenmassen zum Auto geleitet wurde - er schoß geduckt wie ein Panther hindurch - eine gigantische Ohrfeige herunterhaute."

Der 'Tucholsky-Vorfall' hatte für alle Beteiligten Folgen. Er trug dazu bei, daß sich Tucholsky nach dem Ende seiner Vortragsreise entschloß, Deutschland zu verlassen. Rückblickend, und bereits im schwedischen Exil, schildert der Publizist, wie er das Ereignis erlebt hatte: „In Wiesbaden bin ich nach der Vorlesung an den Nazis vorbeigefahren; sie standen da und stießen ihren Original-Schlachtruf aus: „Huuu-!" und sie warfen mit Steinen und alten Brocken und waren überhaupt furchtbar mutig. Ich war nämlich einer und sie waren eine Herde. Ich sah in ihre Augen: verhetzt, verdummt, verbrüllt ... und keine Idee dahinter".

Bitter waren die Folgen auch für Hans Olden. Noch vor dem Vortragsabend hatte er Tucholsky bekniet, möglichst 'anstößige' Stellen aus seinem Vortragsprogramm zu streichen. Wahrscheinlich ließ sich Tucholsky wenigstens teilweise auf dieses Zensur-Ansinnen ein.

Nach dem Skandal saß Hans Olden auf der öffentlichen Anklagebank, nicht etwa die Wiesbadener NSdAP mit ihren 'Kampfgefährten'. Der „Literarischen Gesellschaft", die eben erst ihr 25-jähriges Bestehen gefeiert hatte, liefen die Mitglieder scharenweise davon. Der Magistrat bewilligte ihr keine Zuschüsse mehr, und die Casino-Gesellschaft löste ihre Raumverträge mit der Gesellschaft. Olden war dem Druck psychisch nicht mehr gewachsen. Er mußte als Vorsitzender der Gesellschaft, die er als sein Lebenswerk betrachtete, zurücktreten. Aber die Demütigung ging weiter: In der Wiesbadener Tagespresse gestand der 70jährige seine „Schuld" ein, bat um „Versöhnung und Vergebung" - zur Freude der NSdAP und jenes Teils des Wiesbadener Bildungsbürgertums, der schon seit langem dem nationalen Pomp des wilhelminischen Kulturbetriebes nachtrauerte und jetzt auf eine Wiederkehr dieser „herrlichen Zeiten" hoffen durfte.

Westfälische Landeszeitung

Unter dem Schutz des Polizeiknüppels

Landesverraeter Tucholsky beschimpft in der uebelsten Weise Christentum und Deutschtum

Ein Skandal in Wiesbaden

Wiesbaden, 25. November. Die "literarische Gesellschaft, Wiesbaden hatte den sogenannten Journalisten Kurt Tucholsky, alias Ignaz Wrobel, alias Kaspar Hauser zu einem Vortragsabend verpflichtet, obwohl doch dessen nur auf Zersetzung eingestellten Geistesprodukte absolut nichts mit Literatur zu tun haben. Schon vor Beginn des Vortrages war die Strasse vor dem Kasino, dem Heim der sich aus Juristen, hoeheren Beamten und pensionierten Offizieren zusammensetzenden Kasinogesellschaft mit Polizei, und Vorraum sowie Saal mit Kriminalbeamten besetzt. Eine immerhin eigenartige Massnahme einer sonst doch immer erst "nach erfolgten Taetlichkeiten" einschreitenden Behoerde. Aber doch der beste Beweis, dass die Leitung der "literarischen" Gesellschaft sich darueber klar war, was Tucholsky seinen Zuhoerern bringen wuerde und dass sie mit einem sehr energischen Protest rechnete.

Gleich zu Beginn, als dieser Literat in unflaetigster Weise das Christentum ueberhaupt und die katholische Kirche im besonderen beschimpfte (er nannte u. a. als die einzigen drei internationalen Grossmaechte: Die katholische Kirche, die Homosexuellen und Standard Oil), machte sich lebhafte Unruhe im Saal bemerkbar und als er dann in einem Schmaehgedicht unsere Frontkaempfer und gefallenen Helden - er nannte sie Kriegshaemmel usw. - gerade am Vorabend des Totensonntags beschimpfte, da brach der offene Skandal aus und der anstaendige groessere Teil des Publikums verliess ebenso wie die Vertreter der buergerlichen Presse unter schaerfstem Protest den Saal. Das dabei als Kampfruf gebrauchte Wort "Schweinehund" war unangebracht, weil ein derartiger Vergleich sowohl das Schwein als auch den Hund beleidigte. Erst nach halbstuendiger Pause konnte dann der Psychopath und Sexualpathologe Tucholsky im engsten Kreise seiner Gesinnungsgenossen seinen Vortrag beenden.

Mittlerweile war die Empoerung des vor dem Kasino wartenden ausgewanderten Publikums so weit gestiegen, dass Tucholsky nur unter dem Schutze eines starken, ruecksichtslos mit dem Gummiknueppel vorgehenden Polizeikordons fluchtartig sein Auto erreichen konnte, mit dem er in schaerfstem Tempo vor der erregten Menge das Weite suchte. Der Landesverraeter Tucholsky hat in Desertation einige Uebung, das sah man gestern abend. Soweit sich entruestete Besucher nach des Redners Flucht noch vor dem Kasino aufhielten, wurden sie trotz ruhigsten Verhaltens von Polizeipraesident Froitzheims Mannen in ruepelhaftester Weise ohne Grund belaestigt und zum Verlassen der dem Verkehr offenen Strasse gezwungen. Das Tragikomische dabei ist, dass Tucholsky von denen so tapfer geschuetzt wurde, die er noch kurz vorher als Idioten und Haemmel bezeichnet hatte. Dass dieser beruechtigte Pamphletist ueberhaupt in Wiesbaden sprechen konnte, ist ein unverantwortlicher Missgriff des Auchliteraten Olden, der als Vorsitzender der "literarischen" Gesellschaft fungiert. Diese duerfte allerdings nach den gestrigen Vorgaengen und dem massenhaft angekuendigten Austritt aufgehoert haben, zu bestehen.

Dr. G.

Kurt Tucholsky in Brissago/Tessin (1929)

Den Falschen getroffen

Es gab noch ein anderes Opfer. Der „tapfere" NS-Mann, der Tucholsky geohrfeigt hatte, hatte leider den Falschen getroffen, und sah sich so um seine Heldenrolle gebracht. Das tatsächliche Opfer hieß Dr. Walter B. Meyer, Arzt und - wenigsten dies war tröstlich für die NSdAP - Jude aus Wiesbaden. Als Tucholsky davon erfuhr, schrieb er ihm einen Brief, in dem er bedauerte, daß er, Meyer, für ihn die Prügel habe einstecken müssen. Meyer hatte wie viele andere Wiesbadener Juden den Ersten Weltkrieg als Frontkämpfer miterlebt und stimmte mit den pazifistischen Positionen Tucholskys sicher nicht überein. Dennoch empfand er den Vorfall als „deprimierend" und schrieb an den Schriftsteller: „Daß in Deutschland im allgemeinen und in der Kurstadt Wiesbaden im besonderen ein Mensch seiner Überzeugung wegen solchen Insulten ausgesetzt ist, hat mich nachhaltig erschüttert. Dabei war es mir eher eine gewisse Genugtuung, daß ich als Einheimischer für Sie, den Gast, die Prügel eingesteckt habe."

Tucholsky verließ Deutschland im Jahr 1930, Meyer 1935.

„Wir haben alles in der Küche gemacht...“ - Rudi Leitem, zwei Jahre alt, mit Schwester und Mutter in der Wohnküche (1912)

„Auf Wanderschaft" Rudi Leitem mit Freunden (1929/30)

Imbke Behnken

Sowjetstern über der Schwalbacher Straße - Rudi Leitem erzählt

„Wer nach der alten Zeit in Wiesbaden fragt, den schicken Katzelöcher gern zu Rudi Leitem: 'Der ist zwar Kommunist', sagen sie, 'aber der weiß alles'." so war es vor einigen Jahren in einer Wiesbadener Zeitung zu lesen. Als wir Rudi Leitem das erste Mal, Februar 1983, in seiner Dachwohnung im Hirschgraben aufsuchen, kennen wir seine politische Geschichte noch nicht. Wir sind auf der Suche nach Kindheitserinnerungen. Rudi Leitem, damals etwas über 70 Jahre alt, ist uns als Kenner des Bergkirchenviertels empfohlen worden. Er freut sich über den Besuch, stellt Gläser und französischen Rotwein auf den Tisch und beginnt. Aus dem ersten Treffen wurde eine Freundschaft, die erst mit seinem Tod 1986 endete.

Wer war dieser Rudi Leitem?

Der politischen Nachkriegsöffentlichkeit Wiesbadens war er durch seine Arbeit in der kommunistischen Partei und als Widerstandskämpfer gegen das NS-Regime bekannt. Die Nachbarn schätzten ihn als jemanden, der mit Rat und Tat zur Seite stand, wann immer er dazu in der Lage war. Sein alter Schuljahrgang hatte in ihm einen richtigen 'Wiesbadener Bub'. Sie erinnerten sich an verbotene Fußballspiele vor dem Alten Friedhof; an die Denkzettel, die sie unbeliebten Lehrern vom 'Hilfer Gymnasium', der Volksschule an der Kastellstraße, verpaßten; an abenteuerliche Hamsterunternehmungen. In den Rückerinnerungen von Rudi Leitem verbinden sich die verschiedenen Perspektiven: Er erzählt sein Leben aus der Sicht des politischen Menschen, der, wie er sagt, sich „immer aufgelehnt hat gegen Unterdrückung"; und aus der Sicht des alteingesessenen 'Wiesbadener Buben', der der Nachbarschaft seiner Kinder- und Jugendjahre bis ans Lebensende verbunden bleibt. Seine politische Biografie ist für die Zuhörenden eine Kette abenteuerlicher Schelmenstücke. Rudi Leitem nimmt in diesen die Rolle eines Till Eulenspiegel ein, der es liebt, den Handlangern der Mächtigen ein Schnippchen zu schlagen - seien dies nun Feldschützen, preußische Schutzmänner oder SA-Greiftrupps. „Einmal, da haben wir einen Sowjetstern, riesig, quer über die Straße gespannt, hier an den Kliniken, über die Schwalbacher Straße." Sein Erzählen steht in der Tradition der Arbeiterliteratur der Weimarer Republik. In diesen Autobiografien sind die jugendlichen Helden nicht Opfer der politischen Verhältnisse - wie beispielsweise in manchen sozialdemokratischen Arbeiterautobiografien des Kaiserreichs -, sondern listenreiche Rebellen, die der Übermacht mit Mut, Witz und Verstand gegenübertreten.

„Als wir schon verboten waren von den Nazis, da haben wir es immer so gemacht: Wir haben uns draußen getroffen. Wenn wir heimgekommen sind, haben wir uns vorher in kleine Grüppchen aufgelöst. Der Alois hatte seine Klampfe dabei. Dann kamen wir am Kranzplatz vorbei, da muß irgendeiner was gemerkt haben. Auf einmal sind da fünf SA-Leute. Der eine sagt: 'Kommt hierher, das sind die!' Da haben wir uns gewehrt. Der Alois nimmt seine Klampfe: 'Du alter Faschist! Da, ich verpaß dir eine!', und schlägt dem die Klampfe über den Kopf. Dann sind wir rauf in die Adlerstraße geflüchtet. Da hat oben das Lenchen gewohnt, da sind wir rein. Von dem Haus aus konnten wir rüber über die Mauer, kamen dann in der Schwalbacher Straße raus. Jetzt kam die SA. Hatten Großalarm gegeben. Die Leute hier haben gesagt: 'Hier sind sie rein!' Sie sind überall reingegangen, nur zum Lenchen nicht." Rudi und seine Freunde mußten nun noch sicher nach Hause gelangen, durch die bewachten Straßen. „Wir hatten in unserer Jugend ja auch Mädchen dabei. Wie gesagt, die Solidarität hier oben war groß. Jetzt haben sie Kleider geholt. Die Mädchen haben Bubenkleider angekriegt, wir haben die Mädchenkleider angezogen. Dann hat sich immer so ein Bub ein Mädchen geschnappt und heimgeführt. Die haben keinen einzigen erwischt."

Rudi Leitem ist eigentlich ein Kind des Wiesba-

dener Westends. Als er 1910 geboren wird, ist dort das Zentrum der sozialdemokratischen Arbeiterbewegung Wiesbadens. Der Vater, Emil, Holzbildhauer, ist aus Ungarn zugewandert. Die Familie ist freireligiös orientiert, Rudi und seine beiden Schwestern werden ‘aufgeklärt’ erzogen. Prügelstrafe, damals verbrieftes Recht der Eltern, wird aus Überzeugung abgelehnt. Andere Kinderschicksale der Zeit bleiben Rudi nicht erspart. Die Mutter stirbt, als er neun Jahre alt ist, der Vater einige Jahre später - Rudi ist gerade 15 geworden.

Emil Leitem war in der sozialdemokratischen Arbeiterbewegung des Kaiserreichs engagiert. Für die Holzarbeitergewerkschaft kassierte er Beiträge. Nach seiner Einbürgerung 1921 wurde er Mitglied der KPD in Wiesbaden. Als Sohn wird Rudi Leitem früh in diese politische Männergesellschaft eingeführt. „Ja, ich bin durch den Vater beeinflußt worden. Wenn die Leute sich in der Wirtschaft beim Jakob Greis [ab 1920 Stadtverordneter der KPD] getroffen haben, wir haben ja grad gegenüber in der Walramstraße 25 gewohnt, dann hat er mich immer mitgenommen. Ich hab beim Jakob Greis auf dem Schoß gesessen als kleiner Bub. Die haben mich nicht ausgeklammert.“

Mutproben in der Volksschule

Die Methoden der preußischen Volksschullehrer sind häufiges Thema zwischen Vater und Sohn. Beiden sind militärischer Drill und Kriegsbegeisterung der Lehrer zuwider. „Im Turnunterricht hatten wir einen Preußenkopp. Wir mußten uns immer der Größe nach aufstellen, ausrichten und marschieren. Wenn einer so ein bißchen schief gestanden hat: ‘Komm an, box!’ Hat dem auf die Brust geboxt. Einmal ist mir der Kragen geplatzt, hab mich extra schief hingestellt. ‘Komm an, box!’ Hab ich auch wirklich geboxt, fort bin ich. Mußte ich zum Rektor. Fragt mich mein Vater: ‘Was hast du denn schon wieder angestellt?’ Ich hab’s erzählt. Hat mir recht gegeben. Ich seh den Rektor Kalb noch vor mir sitzen: ‘Nun erzähl mal.’ ‘Ich hab falsch gestanden. Wir sind doch keine Soldaten, wir wollen ja turnen.' Da hat der Kalb nur gelacht, hat mir recht gegeben." Mit seiner Clique trifft Rudi Leitem sich auf den Straßen im Viertel, im Walkmültal oder in der Nonnentrift. „Während meiner Schulzeit sind wir meistens zur Nonnentrift gezogen. Wir haben das freie Leben geliebt. Wir waren immer so 15 bis 20. ... Meistens haben wir Fußball gespielt."

Straßenbub - politischer Kämpfer

Nach 1918 ist die Straße politischer Anschauungsunterricht für den kleinen Rudi. Mit neun Jahren nimmt er an seiner ersten Demonstration teil. „Ich kann mich noch entsinnen, nach der Revolution, nach dem Zusammenbruch, war hier eine große Demonstration für die Räte-Republik. Da bin ich mitmarschiert. Da ist der junge Genosse Adam Eich erschossen worden. In der Wellritzstraße, das Haus steht noch, wo ich hinein geflüchtet bin, als geschossen wurde. Bei der Beerdigung von diesem Mann, da war der Sammelplatz am Sedanplatz. Sind wir von dort aus auf den Südfriedhof marschiert. Die Straßen waren voll." Die Erfahrungen des Straßenlebens in der Kindheit münden, nach 1925, direkt in die politischen Straßenkämpfe des Jugendlichen und jungen Erwachsenen - bis 1933 legal, nach 1933 in der Illegalität.

Ein Schelm bleibt Rudi Leitem allemal: Wenige Jahre vor seinem Tod führt er staunende Teilnehmer einer historisch-politischen Stadtrundfahrt an eine Straßenmauer aus gelbem Ziegelstein in der Platterstraße. „Könnt ihr lesen?" Schemenhaft taucht ein weißer Schriftzug, mehrere Meter lang, aus dem Ziegelstein auf: FASCHISMUS FÜHRT ZUM KRIEG - „Das haben wir 1933 gemalt. Bis heute hat das keiner wegschaffen können." Und er erzählt genußreich die Geschichte von dem Rezept, gelöschter Kalk in Fischsud, der die Schrift unlöschbar macht.

„Da kann ich mich noch gut dran erinnern" - Rudi Leitem (1983)

Stichworte zur politischen Biografie

1910	Geburt in der Dotzheimer Straße
1925	Beginn der Lehre als Heizungsinstallateur; Mitgliedschaft in der Metallarbeiterjugend und in der Sozialistischen Arbeiterjugend (SAJ)
1926	Austritt aus der SAJ, Gründung des Kommunistischen Jugendverbandes Deutschlands, Abteilung Wiesbaden
1929/30	Arbeitslosigkeit während der Weltwirtschaftskrise; mehrere Monate auf Wanderschaft durch Südosteuropa
1930	Leiter des Unterbezirks Rheingau des kommunistischen Jugendverbandes; Organisierung der Roten Hilfe, eines Mieterstreiks im Bergkirchenviertel und einer Suppenküche in der Adlerstraße für die Streikenden
1933	nach dem Verbot der Partei Weiterarbeit in der Illegalität; 8.März Verhaftung; Konzentrationslager Esterwegen/Emsland - sechs Monate 'in Schutzhaft'
1934	Rückkehr nach Wiesbaden, Fortsetzung der illegalen Arbeit; November 1934 Verhaftung, Anklage: „...das hochverräterische Unternehmen, die Verfassung des Deutschen Reiches gewaltsam zu ändern, vorbereitet zu haben ..."; Verurteilung zu 3 1/2Jahren Zuchthaus
ab 1938	Anstellung in der Firma Führer, Niederwalluf; vom Wehrdienst als u.k. (unabkömmlich) zurückgestellt: Ausführung von Spezialarbeiten in Frankreich; Kontakte zur französischen Resistance; Engagement in der Gefangenenhilfe für sowjetische Häftlinge
nach 1945	Tätigkeit in der KPD; Beisitzer in der Spruchkammer zur Entnazifizierung; Mitglied in der Vereinigung der Verfolgten des Nazi-Regime (VVN); ehrenamtlicher Wohlfahrtspfleger im Bergkirchenviertel
ab 1953	hauptamtlicher Kreissekretär der Rheingauer Parteigruppe der KPD
1956	Verbot der KPD
ab 1968	Mitglied der neugegründeten DKP
1986	gestorben

Friedrich der Große, Bismarck, Hitler: Vorbilder für Wiesbadener Schüler?

Hartmann Wunderer

Das „Dritte Reich“ wird inszeniert. Eine Schule feiert die „Machtergreifung“

Außerplanmäßige Ferien für 10 Tage gab es bereits Anfang Februar 1933. Die Blücherschule mußte geschlossen werden, weil viele Schüler Grippe hatten. Aber seit der Machtübergabe an die Nationalsozialisten wurde der Unterrichtsausfall vom Staat, den Lehrern und Schülern erst so richtig organisiert: Am 8. März 1933 gab es erneut schulfrei, diesmal wegen des Wahlsieges der NSdAP. Schlag auf Schlag jagten sich schulische Veranstaltungen, die mit dem herkömmlichen Lernen in einer Volksschule eigentlich nichts zu tun hatten: Bereits die Ernennung Hitlers zum Reichskanzler am 30. Januar hatte im „deutschen Volk großen Jubel ausgelöst“, freute sich der Chronist der Blücherschule - die Schulchronik wurde in der Regel vom Rektor geführt. Er fährt fort: „Hitler wollte sich vergewissern, ob er die Zustimmung des Volkes habe. Die Wahl hatte ihm die Gewißheit gegeben. Voll Hoffnung und Vertrauen blickte das deutsche Volk auf zu seinem Führer“.

So begeistert, wie der Sieg der Nazis gefeiert wurde, stellt sich die Schule nun in den Dienst des neuen Systems, wie ein Blick in die Chronik der Blücherschule zeigt, deren Knaben in die Schule an der Lahnstraße ausquartiert waren. Höhepunkte des Schullebens wurden nun öffentlichkeitswirksame Feiern - im Gegensatz zu den reichlich biederen „Verfassungsfeiern“ der verhaßten Weimarer Zeit. Die Lehrer und die ihnen anvertrauten Schüler inszenierten Massenspektakel, die ausschließlich das Ziel verfolgten, die neue Ordnung mit einer höheren Weihe zu umhüllen: Am 13. März 1933 wurden vor versammelter Schulgemeinde die neuen Fahnen gehißt, neben der Hakenkreuzfahne die alte schwarz-weiß-rote, „diese als Symbol der ruhmreichen Vergangenheit, jene als solche der hoffnungsfrohen Zukunft“. Die Bevölkerung Wiesbadens sei so stürmisch in der Beschaffung der neuen Flaggen gewesen, daß in kurzer Zeit alle Geschäfte ausverkauft gewesen wären, hieß es in der Schulchronik. Schulfrei gab's dann schon wieder am 21.3.33. Gerade am Frühlingsanfang wurde - wie der Chronist beziehungsreich hervorhebt - der Reichstag in der Garnisonskirche in Potsdam eröffnet.

Sakrale Weihen für den NS

Bilder und Symbole waren es vor allem, über die die Nationalsozialisten in die unterernährte Fantasie der Menschen eingriffen. Der banale Alltag bekam dadurch eine weihevolle Bedeutung. Dies erklärt auch ein Stück weit die Stabilität des nationalsozialistischen Systems. Hierzu gehörten insbesondere Szenarien, die durch ihre Verwendung im kirchlich-sakralen Bereich mit einer besonderen Weihe und Würde behaftet waren. Unser Bild zeigt dies eindrucksvoll: Die Schüler der Schule an der Lahnstraße gruppieren sich mit den nationalsozialistischen Symbolen zu einem Triptychon, einem dreiteiligen Altarbild. Heroen und Helden einer „glorreichen deutschen Vergangenheit“, König Friedrich II. von Preußen und Reichskanzler Bismarck - deren Konterfeis vom Kunstlehrer der Schule angefertigt wurden - flankieren den „Führer“ wie die Apostel oder Märtyrer auf Altarbildern den erhöhten Christus. Germanische Bandornamentik, Banderolen und Eichenlaub unterstreichen den Charakter der „geschichtlichen Stunde“. Umrahmt und überhöht wird das Tableaux durch die Fahnen und Insignien des Nationalsozialismus. Der hohe, kahle Raum eröffnet eine Dimension, der gleichsam die Weite und Monumentalität künftiger nationalsozialistischer Unternehmungen symbolisch vorwegnimmt. Die wie Orgelpfeifen aufgestellten Schüler lenken den Blick auf die Bildmitte, auf den umkränzten, das „Heil“ bringenden „Führer“. Die Schüler stehen ausgerichtet, uniformiert und stolz stramm. Sie sind nicht als einzelne Individuen wichtig, sondern nur als Gruppe. Die am Zustandekommen des Bildes beteiligten Lehrer und der Fotograf haben somit wesentliche Inhalte und Kennzeichen des deutschen Faschismus klar erfaßt und eindrucksvoll szenisch gestaltet, und dies auch den ausgewählten Schülern nachdrücklich eingeimpft. Für die war’s eine Ehre, dabei sein zu dürfen.

Erntedankfest auf dem damaligen Adolf Hitler-Platz

Strammstehen ohne Ende

Die Chronik dokumentiert akribisch die weiteren zahlreichen schulischen Unternehmungen und Feiern, die aus dem neuen Geist geboren wurden: Bemerkenswert ist, wie rasch sich der Chronist die Sprachregelungen des neuen Regimes zu eigen gemacht hat: So wird bereits 1933 der 1.Mai als „Fest der Arbeit“ begangen, zu dem die Schüler morgens im Schulhof versammelt wurden und sich zum abschließenden „Abmarsch“ gruppierten, der zu einer gemeinsamen Kundgebung aller Klassen auf dem Schillerplatz führte. Die oberen Klassen veranstalteten bereits wenige Wochen später eine Gedenkfeier für Schlageter, einen „Märtyrer“ der nationalsozialistischen Partei. Kurz darauf wurde die Sonnwendfeier als „Fest der Jugend“ inszeniert, zwei Tage später veranstaltete die Schule eine gemeinsame Feier zum Thema Versailler Vertrag. Einige Wochen danach erinnerte man sich der Befreiung Wiens von der türkischen Belagerung im Jahr 1683. Bald darauf hörten die Schüler anläßlich der Eröffnung des preußischen Staatsrates gemeinsam die Radioübertragung einer Rede Görings. Und schon vierzehn Tage später stand das Erntedankfest mit einer großen Feier in der Turnhalle auf dem Programm. Hierzu wurden u.a. die oberen Klassen zur „Spalierbildung“ für die Straßen, durch die die Festzüge gingen, „aufgeboten“, die unteren Klassen hatten an der Bleichstraße „Aufstellung genommen“. Einer Anordnung der Regierung folgend, besuchte die Schule einen Bauernhof, um die „Verbundenheit“ mit der Arbeit der Bauern zu bekunden. Im selben Jahr wurden noch Hindenburgs Geburtstag gefeiert, gemeinsam Wahlreden des „Führers“ ergriffen gelauscht, weitere Gedenkfeiern, Filmvorführungen u.ä. inszeniert. Und so ging das weiter. All dies mußte natürlich sorgfältig vorbereitet werden, damit alles wie am Schnürchen lief. So euphorisch und zugleich pedantisch, wie der Schulchronist die Glanzlichter der „neuen Zeit“ begeistert dokumentiert, so viel Eifer und Mühe haben Schulleiter und Lehrer bei der Vermittlung ihrer Botschaft investiert, es sei nun eine „große historische Epoche“ für das deutsche Volk angebrochen.

Pfarrer Hermann Romberg (1937)

Volker Fabricius

„Volksverräter!" - Kirchenkampf in Dotzheim

In dem Arbeitervorort Wiesbaden-Dotzheim stand die Kirche nicht mitten im Dorf; hier wählte man noch 1933 mehrheitlich KPD und SPD und ließ sich vom sonntäglichen Glockenschlag nicht aus der wohlverdienten Ruhe aufwecken: Der Pfarrer zählte in der 5000-Seelen-Gemeinde durchschnittlich zwanzig Gottesdienstbesucher. Das sollte alles ganz anders werden.

„Brauner" Pfarrer im „roten" Dotzheim

Im Herbst 1933 ließ sich der „braune" Pfarrer Hermann Romberg ins „rote" Dotzheim versetzen. Alles fing erfolgversprechend an: Wortführer im Kirchenvorstand war der Ortsgruppenleiter der NSdAP. Man kann sich gut vorstellen, mit welch hoffnungsfroher Erwartung er das Parteimitglied Romberg begrüßte. Mit ihm sollte der Wiederaufbau der politischen und kirchlichen Gemeinde beginnen. Romberg als Ortswalter der NS-Volkswohlfahrt stand dem Ortsgruppenleiter zur Seite. Noch fragte niemand danach, wie ein Pfarrer Parteimitglied werden konnte; man wunderte sich allenfalls darüber, daß er freiwillig in das von Gott verlassene Dotzheim kam.

Das Dotzheimer Pfarrhaus (um 1936)

Hermann Romberg wurde 1886 im Siegerland als Kind einer angesehenen Pfarrersfamilie geboren; zu Hause und in der Schule wurde er national konservativ erzogen. Später studierte er bei Theologen, die in den großen Ereignissen der Geschichte Gott walten sahen und im Kriegsdienst eine notwendige vaterländische Pflicht des Christen erblickten. In den Augen Rombergs regierten Politiker die Weimarer Republik, die den Ausverkauf nationaler Interessen betrieben. Der engagierte Protestant sah sich gezwungen, aus christlich sozialer Verantwortung den Opfern des Systems beizustehen: den Arbeitslosen. Die Nationalsozialisten schienen dem Pfarrer Gewähr dafür zu bieten, daß die nationalen Belange wieder energisch vertreten würden und sich die soziale Situation großer Teile der Bevölkerung endlich verbesserte. Mit diesen Hoffnungen trat Hermann Romberg im Februar 1933 der NSdAP bei. Sein Ziel war, aus Nationalsozialisten gute Christen und aus Christen gute Nationalsozialisten zu machen.

Einen ersten Riß in Rombergs geschlossenem Weltbild gab es bereits Mitte des Jahres 1933: Trotz aller gegenteiliger Beteuerungen machten sich die Nationalsozialisten daran, die Kirche zu erobern, um sie institutionell und ideologisch gleichzuschalten. Von der Bereitschaft, den Staat auf der Grundlage des Christentums neu zu bauen, war nichts zu spüren. So geriet der Pfarrer erstmalig in seiner Bad Homburger Gemeinde mit den örtlichen Parteigrößen aneinander, als diese sich widerrechtlich in den Besitz des Kirchenschlüssels brachten und aus nationaler Begeisterung nächtens die Glocken läuteten. Als das gestörte Verhältnis zur Partei die Gemeindearbeit zu beeinträchtigen begann, ging Romberg nach Dotzheim. Dort wollte er seine ganze Kraft auf die Erweckung der Gemeinde richten. Dies mit Erfolg: Die evangelischen Christen im Ort ahnten das ehrliche Bemühen ihres Seelsorgers und kamen in den Gottesdienst und zu den Bibelstunden, sangen im Kirchenchor, engagierten sich für die Jugendarbeit.

Die evangelische Kirche in Dotzheim (um 1910)

Kirchenkampf in Dotzheim

Doch der Pfarrer, der bis dahin mit dem Kirchenvorstand und dem Ortsgruppenleiter gut zusammengearbeitet hatte, mußte eine weitere Enttäuschung hinnehmen: Durch Protektion und „Wahlen“ eroberten vielerorts Männer führende kirchliche Positionen, die mehr ihrem Parteibuch die Treue hielten als der Bibel; sie wollten die Kirche nach dem „Führerprinzip“ umbauen, getaufte Juden sollten in ihr keinen Platz mehr haben. Hermann Romberg schloß sich der innerkirchlichen Opposition an, der „Bekennenden Kirche“; sie wollte in der Kirche nur das Wort Gottes und nicht nationalsozialistisches Gedankengut dulden, wollte Gott und nicht dem „Führer“ gehorchen. Als der Pfarrer die Protestanten hinter diesem Programm zu sammeln begann, machte der Ortsgruppenleiter konsequent gegen Romberg mobil: Erst wurde er aus der Partei ausgeschlossen, dann verweigerte ihm der Kirchenvorstand die Gefolgschaft und versuchte ihn mit Intrigen und Verleumdungen aus der Pfarrei zu vertreiben. Wer dem Nationalsozialismus den Gehorsam verweigerte und die Gemeinschaft mit „roten“ Staatsfeinden nicht scheute, der sollte in dem nunmehr „braunen“ Dotzheim keinen Platz haben.

„Volksverräter - Judenknecht - Hurenbock - Hängt ihn!“

Im August 1935 war es dann soweit. Die „Volksseele“ machte ihrer Verärgerung über den Pfarrer Luft: „Volksverräter - Judenknecht - Hurenbock - Hängt ihn!“ riefen die Nazis an zwei Abenden Romberg aus dem Dunkel der Nacht zu. Als bekannt wurde, daß er seinen Parteiausschluß mit den Worten begrüßt haben sollte: „Es ist mir eine Ehre, dieser Partei nicht mehr anzugehören“, verweigerte der Kirchenvorstand dem Seelsorger den Zutritt zur Kirche; dies galt ebenfalls für den größten Teil der Gemeinde, der treu zu ihm hielt. Der Landesbischof, ein Vertreter nationalsozialistischer Lehre im Raum der Kirche, versetzte Romberg in den einstweiligen Ruhestand; die Gestapo verhängte Aufenthalts- und Redeverbot. Es wurde jedoch bald wieder aufgehoben. Die Gemeinde sammelte weit über 1000 Unterschriften für ihren Pfarrer und die Öffnung der Kirche. Die Bekennende Kirche, der sich in der Landeskirche viele Seelsorger anschlossen, bestätigte Hermann Romberg als den rechtmäßigen Pfarrer in Dotzheim. Als er jedoch wieder predigen wollte, hielt der Kirchenvorstand das Gotteshaus weiterhin verschlossen und verweigerte sogar das Sterbegeläut für Beerdigungen. Die Bekennende Kirche Dotzheims mußte ihre Gottesdienste im Keller des Pfarrhauses oder in Wiesbaden halten. Jetzt setzte der Landesbischof einen „linientreuen“ Geistlichen ein. Aber während die Bekennende Kirche bis zu 500 Besucher in ihren Gottesdiensten zählen konnte, brachte es die Gegenseite lediglich auf 20 Teilnehmer.
Ein zähes Ringen begann. Die Bekennende Kirche öffnete gewaltsam

die Kirche, der Kirchenvorstand verschloß sie wieder. Schließlich verweigerte Pfarrer Romberg seiner Kirchenleitung den Gehorsam: Er folgte seiner Versetzung nach Gießen nicht. Die Bekennenden Christen stellten die Zahlung der Kirchensteuer ein, solange sie das Gotteshaus nicht benutzen durften. Im April 1936 wurde Romberg im Interesse von „Ruhe und Ordnung“ in der Gemeinde endgültig von der Gestapo des Ortes verwiesen. Alle Protestschreiben der Gläubigen, auch an Hitler persönlich, nutzten nichts; alle Verhandlungen Rombergs, auch auf höchster Ebene in Berlin, änderten nichts: Der Pfarrer blieb von seiner Gemeinde getrennt. Seine Familie harrte noch zwei Jahre allen Anfeindungen zum Trotz im Pfarrhaus aus, bis eine endgültige Lösung in Sicht war. Die Bekennende Kirche gab den Kampf nicht verloren und schickte einen couragierten Nachfolger nach Dotzheim, der die Gemeinde in ihrem Glauben bestärkte, daß ihr Anliegen berechtigt war.

In der Adventszeit 1936 entbrannte der Kampf um die Kirche noch einmal besonders heftig: Der Kirchenvorstand und der ihm zugehörige Pfarrer verweigerten der Bekennenden Kirche auch in der Weihnachtszeit die Kirche. Zwar konnten sich die Bekennenden Christen mehrmals den Zutritt verschaffen, fanden die Kirchentüren aber am nächsten Sonntag wieder verschlossen. Der Kirchenvorstand räumte sogar den Konfirmandensaal im Pfarrhaus aus und machte ihn unbenutzbar. Des ständigen Hin und Hers müde, verbot der Polizeipräsident von Wiesbaden am 31. Dezember 1936 generell die Benutzung der Kirche. Die „Ruhepause“ konnten beide Seiten nutzen, um ein vorläufiges Übereinkommen zu treffen, das die Zustimmung der Polizeibehörde fand: Beide Seiten hielten abwechselnd in der Kirche Gottesdienst. Ein Jahr später, 1938, hatte die Bekennende Gemeinde schließlich einen Erfolg errungen: Die Kirchenleitung schickte einen „neutralen“ Geistlichen nach Dotzheim. Der Preis dieses Verhandlungsergebnisses: Romberg durfte nicht nach Dotzheim zurückkehren. Der Gewinn: Die Spaltung der Gemeinde in zwei feindliche Lager konnte allmählich überwunden werden.

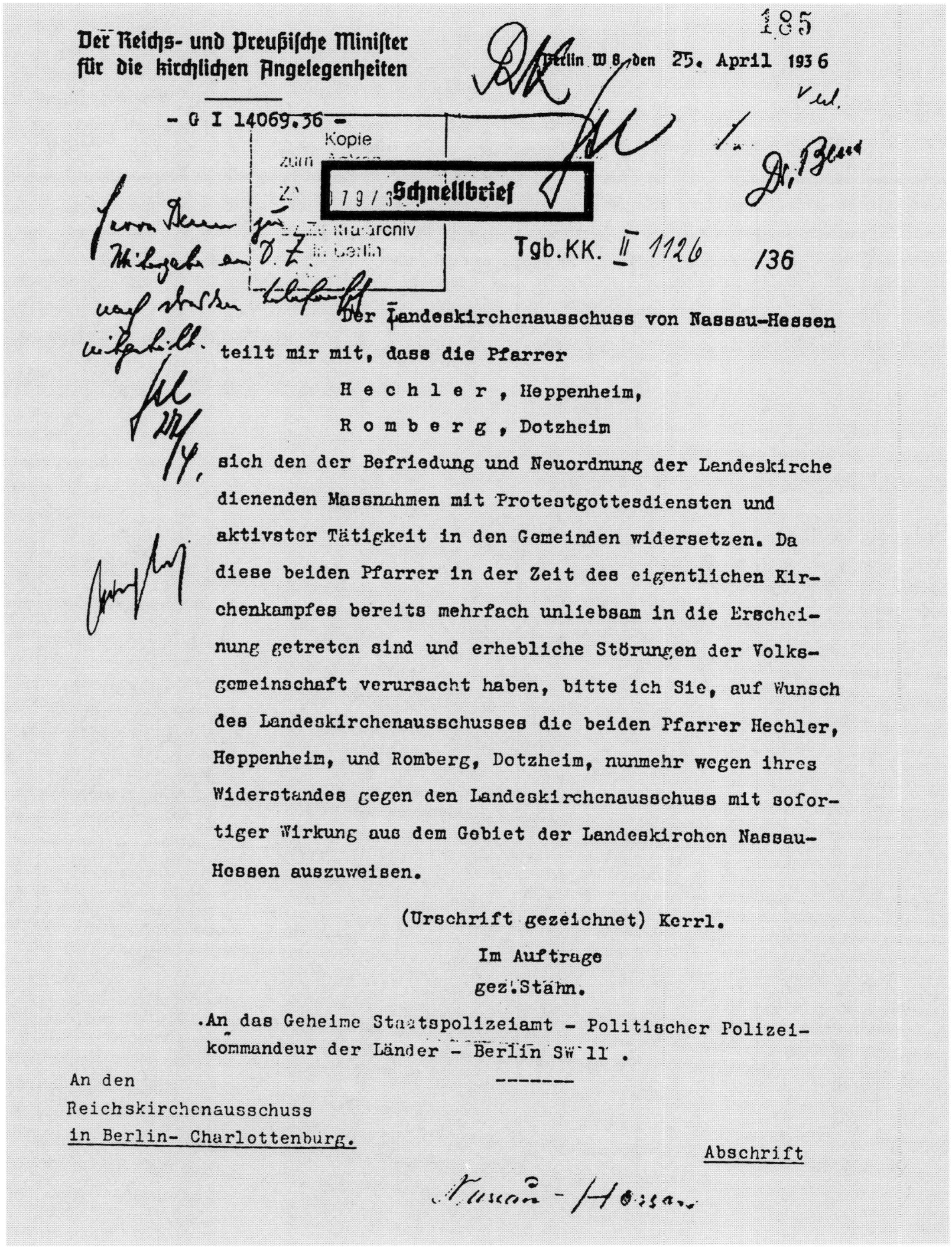

185

Der Reichs- und Preußische Minister
für die kirchlichen Angelegenheiten

Berlin W 8, den 25. April 1936

- G I 14069.36 -

Schnellbrief

Tgb.KK. II 1126 /36

Der Landeskirchenausschuss von Nassau-Hessen teilt mir mit, dass die Pfarrer

H e c h l e r , Heppenheim,

R o m b e r g , Dotzheim

sich den der Befriedung und Neuordnung der Landeskirche dienenden Massnahmen mit Protestgottesdiensten und aktivster Tätigkeit in den Gemeinden widersetzen. Da diese beiden Pfarrer in der Zeit des eigentlichen Kirchenkampfes bereits mehrfach unliebsam in die Erscheinung getreten sind und erhebliche Störungen der Volksgemeinschaft verursacht haben, bitte ich Sie, auf Wunsch des Landeskirchenausschusses die beiden Pfarrer Hechler, Heppenheim, und Romberg, Dotzheim, nunmehr wegen ihres Widerstandes gegen den Landeskirchenausschuss mit sofortiger Wirkung aus dem Gebiet der Landeskirchen Nassau-Hessen auszuweisen.

(Urschrift gezeichnet) Kerrl.

Im Auftrage

gez. Stähn.

An das Geheime Staatspolizeiamt - Politischer Polizeikommandeur der Länder - Berlin SW 11 .

An den
Reichskirchenausschuss
in Berlin- Charlottenburg.

Abschrift

Hermann Romberg, den die Auseinandersetzungen gesundheitlich sehr angegriffen hatten, durfte nach seiner Genesung in seiner Siegener Heimat wieder als Seelsorger tätig werden. Um sich und seine Familie nicht neuerlich in Schwierigkeiten zu bringen, enthielt er sich der kirchenpolitischen Betätigung, ohne allerdings seinen Standpunkt zu verleugnen. Romberg hatte erkannt, daß vor aller Politik die Verkündigung des Wortes Gottes die erste Aufgabe eines Pfarrers ist: Der Glaube an ein starkes Deutschland und einen allmächtigen „Führer" war nicht in Einklang zu bringen mit dem Recht der Kirche auf freie Verkündigung und dem Gebot, Gott mehr zu gehorchen als den Menschen. So konstatierte Romberg am Ende seines Ringens für eine selbständige Kirche und gegen die Eingriffe des NS-Staates: „Ich sehe mich absolut auf den Glauben geworfen." Seinen Kampf und das Engagement seiner Gemeinde beschrieb er mit dem Satz: „Wir widerstanden der Ungerechtigkeit."

Wenn einer es geschafft hat, in dem „roten" Dotzheim die Kirche in das Zentrum des Ortes zu rücken, dann gelang dies Hermann Romberg in den drei Jahren seiner dortigen Tätigkeit. Er starb im biblischen Alter von 91 Jahren 1977 in Wiesbaden.

Kinder- und Jugendgruppe nach einer Theateraufführung in der Kirche (1933)

Pfarrer Romberg während eines Gemeindeausflugs

Die Wiesbadener Straße in Dotzheim

Rolf Engelke

„Polacken“, „Bolschewisten“ - Zwangsarbeiter in Wiesbaden

November 1941. Der Zweite Weltkrieg geht in sein drittes Jahr. Der Glanz der „Blitzkrieg“erfolge beginnt zu verbleichen, der Vormarsch im Osten gerät ins Stocken. Unsicherheit über den weiteren Kriegsverlauf kommt auf. Die Aggressivität gegenüber vermeintlich Schuldigen nimmt auch an der „Heimatfront“ zu...

„Zwischenfälle“ in Delkenheim

In der überwiegend bäuerlichen Landgemeinde Delkenheim bei Wiesbaden herrscht seit längerem Unruhe. Zwischen einigen in der Hitlerjugend organisierten Dorfjugendlichen und polnischen Landarbeitern kommt es des öfteren zu Zwischenfällen, so auch am 16. November, einem Samstag, um 19 Uhr 30: Vier HJ-Angehörige überfallen den 21jährigen Polen Michael C., der bei einem Delkenheimer Bauern in Arbeit steht. Dem Ermittlungsbericht des Gendarmerie-Wachtmeisters zufolge „leuchteten ihm die Jugendlichen mit einer hellbrennenden Taschenlampe ins Gesicht, wodurch der polnische Landarbeiter geblendet war. Dieses benutzten die Jugendlichen und schlugen nun auf auf den polnischen Landarbeiter ein, der ... sich daraufhin zur Wehr [setzte], was wohl jeder in dieser Situation machen würde, und schlug mit einem Stock ...“
Alles in allem eine scheinbar unbedeutende, lokale Begebenheit. Gleichwohl zeigen solche Zwischenfälle, daß das Leben in der Heimat zunehmend durch Kriegsauswirkungen beeinflußt wurde. Dies erkannte auch der zuständige Landrat des Main-Taunus-Kreises, ein Mann, der sich sonst immer „schärfstens“ für eine Überwachung der Ausländer einsetzte. In diesem Falle beklagte er jedoch die zunehmende „Verrohung unserer Jugend“, die durch „die Abwesenheit der Väter und gänzlich unzureichende Überwachungsmöglich-

Ivan P., 14 Jahre, aus Kirowograd, ab Sommer 1942 in Wiesbaden

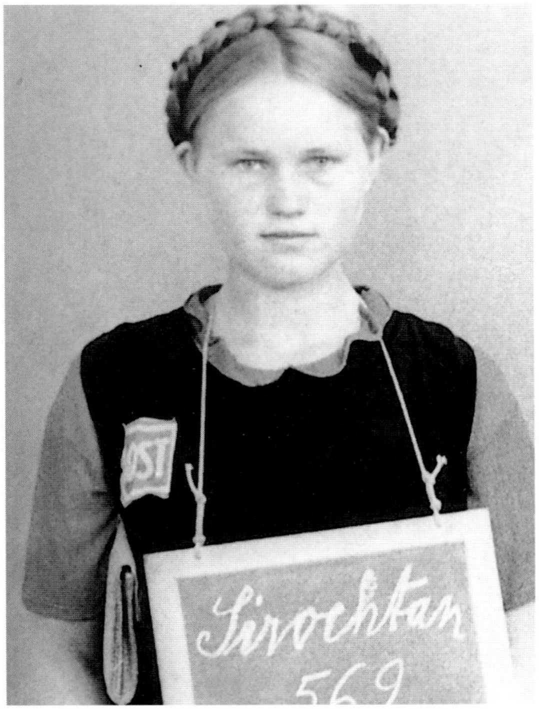

Sina S., 16 Jahre, „Ostarbeiterin“ aus der Ukraine, ab März 1943 in Wiesbaden

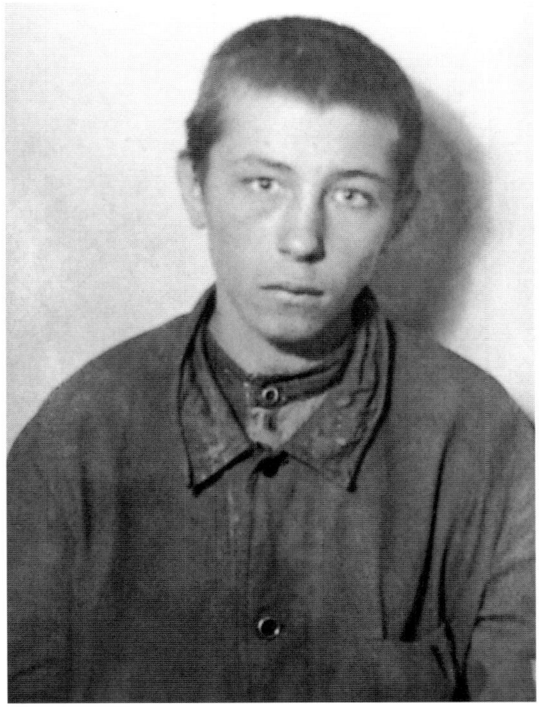

Feodor B., 17 Jahre, aus Stalino, Hilfsarbeiter, 1942 von der Gestapo in ein „Arbeitserziehungslager“ eingewiesen

keiten der Mütter“ verursacht sei. Ganz anderes die Reaktion des Delkenheimer NSdAP-Ortsgruppenleiters, dessen Sohn sich unter den Schlägern befunden hatte. Er beklagte sich bei der zuständigen Kreisleitung über den Ortspolizisten, der sich nicht in „nationalsozialistischer Weise“ für die deutsche Jugend einsetze. Den polnischen Landarbeitern müsse in aller Härte entgegengetreten werden: „Ich vertrete den Standpunkt, daß, wenn auch unsere Jungens die Polen vielleicht einmal zu Unrecht gereizt haben sollten, trotzdem diesen Polacken nicht das Recht zusteht, einfach auf einen Deutschen loszuschlagen, und wenn bei diesem Falle nicht ein Exemplar [!] statuiert wird, dann können noch schwerere Fälle folgen.“ Sollte es ein Pole wagen, einen Deutschen mit dem Messer zu bedrohen, dann solle „ohne weiteres der betreffende Pole an irgendeiner Ecke aufgehängt“ werden.

„Fremdvölkische Arbeitskräfte“

Nicht nur die Delkenheimer Landwirte waren seit Kriegsbeginn maßgeblich angewiesen auf den „Arbeitseinsatz fremdvölkischer Arbeitskräfte“ - so die zeitgenössische Terminologie. Bereits im November 1939, gerade zwei Monate nach dem Überfall auf Polen, arbeiteten die ersten zehn polnischen Kriegsgefangenen als landwirtschaftliche Hilfskräfte in der Gemeinde. In Wiesbaden wurden zu dieser Zeit ca. 350 Polen bei 250 Arbeitgebern eingesetzt. Im Sommer 1940 verpflichtete man die polnischen Kriegsgefangenen auf Erlaß des Oberkommandos der Wehrmacht zwangsweise als „Freiwillige“ auf nicht absehbare Zeit. Denn die Kriegsgefangenenlager mußten nun für Gefangene aus dem „Frankreichfeldzug“ geräumt werden: die Polen wurden in den Status sogenannter „Zivil-Polen“ überführt. Dies erfolgte unter der erpresserischen Bedingung, „bis zur endgültigen Entlassung durch das Arbeitsamt in die Heimat als freier [!] Arbeiter jede ... vom Arbeitsamt zugewiesene Arbeit zu verrichten und ... [die] Arbeitstätte ohne Genehmigung ... nicht zu verlassen.“ In der Öffentlichkeit sollten Polen durch ein auf die Kleidung aufgenähtes „P“ jederzeit erkennbar sein. Russische Arbeiterinnen und Arbeiter wurden später zur Unterscheidung mit einem „Ost“-Aufnäher gekennzeichnet. Sondergesetze diskriminierten die ausländischen Arbeitskräfte gegenüber ihren deutschen „Kolleginnen und Kollegen“. Die Unterbringung der Zwangsarbeiter sollte „unter geringem Kostenaufwand“ in Sammellagern erfolgen, getrennt nach Nationalitäten. Kontakte zwischen Deutschen und Polen waren verboten, mit Ausnahme des Erteilens bzw. Empfangens von Befehlen. „Strengste blutmäßige Trennung“ sollte durch

Fronja P., 20 Jahre, „Ostarbeiterin“ aus der Ukraine, ab August 1943 bei der Reichsbahn in Wiesbaden

Michael Z., 22 Jahre, polnischer Landarbeiter in Igstadt, 1941 wegen „Arbeitsvertragsbruch“ zu Gefängnis verurteilt

Efdokia S., 33 Jahre, am 20.9.1944 mit ihrer sechs Monate alten Tochter aus dem „Landgrabenlager“ in Biebrich geflohen

drakonische Strafandrohungen durchgesetzt werden: Bei Geschlechtsverkehr drohte dem deutschen Partner das KZ; an Ausländern konnte eine „Sonderbehandlung" bis hin zum Todesurteil erfolgen.
Die Alltagserfahrungen von Zwangsarbeiterinnen und Zwangsarbeitern mußten nicht ausschließlich von den überall anzutreffenden „bösen Deutschen" geprägt sein. Während die Bäuerin einer polnischen Magd ein Stückchen Kuchen zukommen ließ, konnte ihr Mann den polnischen Knecht prügeln. Auch in den Fabriken wechselten sich das Erleben alltäglicher Schikane und vereinzelter Solidarität seitens deutscher Männer und Frauen ab. So blieb es nicht aus, daß ausländische Arbeitskräfte trotz allgegenwärtiger Bedrohung durch die Gestapo den harten und entwürdigenden Lebens- und Arbeitsbedingungen zu entfliehen versuchten. „Arbeitsverweigerung" - das meint Verlassen des Arbeitsplatzes, „Krankfeiern", Fluchtversuche u.ä. - bildeten einen neuen Schwerpunkt des unseligen Wirkens der Gestapo.
Im September 1940 verurteilte das Amtsgericht Wiesbaden drei polnische Landarbeiter zu Haftstrafen zwischen sechs bis acht Monaten, weil sie ihre Arbeitsstätte im nördlichen Taunus aus „Heimweh" verlassen hatten. Grausameres ereignete sich an der Fasanerie, dem beliebten Ausflugsziel der Wiesbadener: Hier wurde am 10. Juli 1942 der gerade 27jährige polnische Landarbeiter Eduard S., der seit zwei Jahren in einer Gärtnerei im Kleinfeldchen arbeitete, durch den Strang hingerichtet.
Je länger der Krieg dauerte, um so mehr nahm die nationalsozialistischen Repression zu: Seit Ende 1942 waren für die Aburteilung von Polen und „Ostarbeitern" nicht mehr die Gerichte zuständig, sondern die Gestapo konnte selbständig Einweisungen ins KZ oder in ein „Arbeitserziehungslager" (AEL) schon bei geringfügigen Delikten anordnen. Die polnischen Landarbeiter Michael K. und Johann M., beide auf Bauernhöfen in Erbenheim beschäftigt, hatten „am 12.7.42 böswillig ihre Arbeitsstätten verlassen". Sie wurden auf der Flucht ergriffen und ins AEL Frankfurt-Heddernheim eingeliefert. In diesem Lager, das unmittelbar dem Heddernheimer Kupferwerk zugeordnet war, setzte man die Häftlinge unerträglichen Arbeitsbedingungen aus und versuchte sie mit Prügel und Hunger zu „erziehen".

Zwangsarbeiterlager Wiesbaden

Spätestens seit 1942 kam die deutsche Rüstungsindustrie nicht mehr ohne den Einsatz von Zwangsarbeiterinnen und -arbeitern aus. In jedem

Eduard S., 25 Jahre, polnischer Landarbeiter aus dem Kreis Kielce, am 10.7.1942 in Wiesbaden hingerichtet

Hedwig K., 34 Jahre, Landarbeiterin aus Rusiec, 1941 aus Erbenheim „unbekannt geflüchtet"

Michail Z., 48 Jahre, „Ostarbeiter" von der Krim, seit 1944 „Betonhilfswerker" in einem Wiesbadener Baugeschäft

Das Lager „Willi" in der Welfenstraße nach dessen Zerstörung im Frühjahr 1945

größeren Ort entstanden nun Lagerunterkünfte für die dringend benötigten Arbeitskräfte. Mal waren es Lagerschuppen, mal Kinosäle oder Turnhallen, die eilig und notdüftig zur Aufnahme von Menschen „umgerüstet" wurden. Im Frühsommer 1942 wies das Arbeitsamt den kriegswichtigen Didier-Werken als erstem Wiesbadener Rüstungsbetrieb 42 russische Kriegsgefangene zu. Die Firma Kalle errichtete in Biebrich das „Landgrabenlager" für 300 Ostarbeiterinnen, die Firma Glyco baute ein Barackenlager an der Dotzheimer Straße. Weitere Wiesbadener Firmen zogen nach, so daß 1943 im heutigen Wiesbadener Stadtgebiet schon mindestens 26 Arbeitslager bestanden. Bereitwillig stellte die Stadtverwaltung die vormalige Judenschule in der Welfenstraße verschiedenen Betrieben als Behelfsunterkunft zur Verfügung. Immerhin mußten nun schon ca. 2500 Arbeiterinnen und Arbeiter untergebracht werden.

Auszüge aus einer Lagerordnung für Ostarbeiter lassen erkennen, daß deren Unterbringung den Charakter einer 'Lagerhaltung für menschliche Nutzkräfte' besaß, deren einzige Aufgabe darin bestand, effektiv in der Kriegsproduktion zu arbeiten: „Wer Anspruch darauf erhebt, als ordentlicher und anständiger Mensch zu gelten und behandelt zu werden, muß auch seine Arbeit an dem im Betrieb zugewiesenen Arbeitsplatz pflichtgetreu erfüllen. Es darf sich daher keiner um die Arbeit drücken, Krankheit vorschützen oder seine Arbeit nachlässig verrichten ... Wer Beschwerden hat, soll sich selbst dazu bekennen. Sie sind daher von jedem einzelnen vorzubringen, auch wenn mehrere Lagerinsassen aus dem gleichen Anlaß Beschwerde zu führen beabsichtigen. Das Sammeln von Unterschriften für Beschwerdeschriften usw. ist verboten. Auf keinen Fall werden aber wegen angeblichen Vorliegens von Beschwerdegründen Arbeitsverweigerung, Zusammenrottungen oder Lärmszenen geduldet. Ein solches Verhalten wird als Meuterei betrachtet ..."

In der Tat mußten die Nationalsozialisten Widersetzlichkeiten fürchten, denn sie gaben tagtäglich neue Anlässe: Insbesondere die Diskrepanz zwischen verlangter hoher Arbeitsleistung und den meist unzureichenden Essensrationen forderte geradezu zur „Arbeitsverweigerung" heraus. Unter diesen Umständen blieb die Arbeitsproduktivität der Zwangsarbeiterinnen und -arbeiter häufig erheblich hinter der ihrer deutschen Kolleginnen und Kollegen zurück. Die Wiesbadener NSdAP-Kreisleitung klagte denn auch im Mai 1944, daß selbst „arbeitswillige Ostarbeiter infolge der schlechten einseitigen Verpflegung an ihrem Arbeitsplatz zusammengebrochen sind (Firma Glyco-Metallwerke, Schierstein)." Deshalb sei es nicht mehr erstaunlich, daß „die Ostarbeiter und -arbeiterinnen in der letzten Zeit ein besonders herausforderndes Benehmen zeigten." Der Lagerführer, dem das Lager „Willi" in der Welfenstraße unterstand, notierte zur selben Zeit eine „ins Kommunistische übergehende Widersetzlichkeit" unter den Lagerinsassen.

Kollektive Widerstandsformen besaßen zu jener Zeit noch keine Erfolgsaussichten. Überliefert allerdings sind die individuellen Bemühungen, durch Flucht, Arbeitsverweigerung oder gar Sabotage das reibungslose Funktionieren der Kriegsproduktion zu stören. Obwohl all dies nicht entscheidend zur Niederlage des Nazi-Regimes beitragen konnte, waren es doch mutige Schritte Einzelner, der deutschen Barbarei zu trotzen.

Als der Krieg schließlich zu Ende ging, bedeutete dies für viele ehemalige Zwangsarbeiter und -arbeiterinnen noch nicht das Ende ihres Lagerlebens: Etwa fünf- bis sechstausend bevölkerten die Wiesbadener Lager für „Displaced Persons" - wie die Amerikaner sie bezeichneten - und sahen einer ungewissen Zukunft entgegen. In der deutschen Bevölkerung griff derweil die berechtigte Furcht vor verständlichen Vergeltungs- und Racheakten um sich. So konnten Mitläufer und kleine Schergen des Regimes ihren Fremdenhaß über die Niederlage des deutschen Faschismus hinaus konservieren.

Wiesbaden nach 1945

Flüchtlingskinder vor dem U-Bau in Kohlheck (1950)

Bernhard Parisius

Kohlheck - Eine Flüchtlingssiedlung in der Kurstadt

„Und in Frankfurt bin ich ausgestiegen aus dem Waggon. Da stand dran: Lager Dieburg. Das habe ich weggelöscht und habe drangeschrieben: Wiesbaden-Dotzheim“, so erinnerte sich bei einem Interview im Jahre 1989 der damals 88jährige, mittlerweile verstorbene Karl Neubert an seinen Weg nach Kohlheck. Er wußte, wohin er wollte, war er doch vor Kriegsende Soldat bei einer Nachrichtenabteilung im sogenannten U-Bau in Kohlheck, der einzigen fertiggestellten Kaserne eines ehrgeizigen militärischen Bauvorhabens im Dotzheimer Norden. Karl Neubert hatte sich dort kurz vor Kriegsende selbst entlassen und war mit dem Fahrrad in seine Heimat, das Sudetenland, gefahren. Es gelang dem Kristallschleifermeister, einen Eisenbahnwaggon zu 'organisieren', der ihn mit Frau und Kind sowie seinem Arbeitsgerät wieder nach Dotzheim brachte, wo er schnell eine Wohnung fand.

Glück im Unglück

Unter den über 560.000 Flüchtlingen und Vertriebenen, die in den Jahren 1945 und 1946 nach Hessen kamen, waren die Neuberts nur als Glückspilze zu bezeichnen. Eine Wohnung in einer Stadt zu bekommen, war schon für die Flüchtlinge schwierig, die im Jahre 1945 auf der

Wohnungsbau am Sperberweg (1945)

Flucht vor der Roten Armee auf eigene Faust kamen. Als im Jahre 1946 in 374 Transporten in rascher Folge fast 400.000 Ausgewiesene aus Südosteuropa nach Hessen gebracht wurden, blieb nichts anderes übrig, als den Flüchtlingsstrom in die von Kriegszerstörungen am wenigsten betroffenen Gebiete zu lenken. Das waren vor allem die traditionellen Notstandsgebiete im Regierungsbezirk Kassel, sowie die Kreise Gießen, Lauterbach und Untertaunuskreis. Der Untertaunuskreis hatte mit 27% den höchsten Flüchtlingsanteil aller hessischen Kreise.

Gemessen am Wohnraumbestand der Vorkriegszeit fehlte ein Fünftel der Wohnungen. In den Großstädten Frankfurt, Kassel und Darmstadt waren sogar 75% aller Wohnungen den Bomben zum Opfer gefallen. In Wiesbaden war die Lage noch verhältnismäßig günstig, nur ein Drittel des Wohnraumes war zerstört. Die Militärregierung und die neugebildeten Ministerien beschlagnahmten allerdings viel Wohnraum. Ursprünglich war vorgesehen, daß die Stadt 15.000 Vertriebene aufnehmen sollte. Dazu ist es aber nicht gekommen, weil schon vor Beginn der Ausweisungen sehr viele Flüchtlinge aus Ost- und Westpreußen, aus dem Memelland, Danzig und Schlesien in Wiesbaden Zuflucht gesucht und gefunden hatten. Im Juni 1946 teilte der Oberbürgermeister dem Regierungspräsidenten mit, daß die Wohnungslage „eine geradezu katastrophale“ geworden sei; es sei der Stadt völlig unmöglich, noch weiteren Wohnraum für Flüchtlinge zu beschaffen. Insgesamt kamen 1946 nur vier größere Transporte, meist aus Teplitz-Schönau (Sudetenland), und eine Reihe kleinerer Transporte nach Wiesbaden; sie brachten zusammen etwa 2000 Flüchtlinge in die Stadt. Rund 500 von ihnen waren von der tschechischen Regierung als Antifaschisten anerkannt worden, das bedeutete unter anderem, daß sie ihre Möbel mitnehmen durften. Auch nach dem Ende der Ausweisungen stieg die Zahl der Flüchtlinge ständig an, so daß im Jahre 1950 etwa 25.000 von ihnen in Wiesbaden lebten, das entsprach rund 10% der Bevölkerung.

Wohnungsnot

Die Wohnungssituation der ‘Neubürger’ verbesserte sich nur schleppend. Die im Jahre 1946 und 1947 im Rahmen des Wohnungsbaunotprogramms des Landes begonnenen Neubauten für Flüchtlinge blieben stecken. In ganz Hessen wurden bis zum Frühjahr 1949 nicht einmal 1500 Neubauten für sie fertiggestellt. So konnte auch die Wiesbadener Wohnungsbaugesellschaft ihre in der Nähe des Kohlhecker U-Baus (zwischen Weher Köppel und Greifstraße) schon 1946 und 1947 begonnenen Siedlungshäuser erst gegen Ende des Jahres 1949 weiterbauen. Viele Flüchtlinge mußten jahrelang im U-Bau wohnen. Das enge Zusammenleben wurde noch dadurch erschwert, daß das Gebäude auch Werkstätten beherbergte; neben der hier nur kurzfristig untergebrachten Kristallschleiferei Karl Neuberts gab es noch eine Kammgarnspinnerei, Laborräume einer chemischen Fabrik und einen graphischen Betrieb.

Schlimmer als die dauernde Lärmbelästigung waren die baulichen Verhältnisse. Der Wiesbadener Kurier skizzierte diese im März 1950 so: „fehlende Haustüren, behelfsmäßig angelegte Holzbohlen als Treppenstufen, ebenso primitive Geländer und große Lücken im Dach bringen die 200 Menschen mit 50 Kindern in dauernde Gefahren, vom Verputz der Flurwände ist ganz zu schweigen. Im dunklen Flur des Erdgeschosses zeugen Löcher und Wasserlachen von der fehlenden Kanalisation.“ Unter ähnlichen Bedingungen mußten Flüchtlinge im Fort Biehler in Mainz-Kastel hausen. Noch 1951 lebte über die Hälfte der Heimatvertriebenen in Wiesbaden in Notwohnungen oder als Untermieter. Allerdings mußte auch ein erheblicher Teil der einheimischen Bevölkerung mit Behelfsquartieren oder sehr beengten Untermietverhältnissen vorlieb nehmen.

„Mein Spaß war meine Arbeit, mein Glück“

Weniger die Wohnverhältnisse als die Aussicht auf Arbeitsmöglichkeiten machten für die Flüchtlinge den Reiz der Stadt aus. Karl Neubert erinnerte sich noch genau an seine Überlegungen, als er in der Dotzheimer Straße für seine Familie ein Schlafzimmer und einen Hühnerstall mieten konnte, der als Küche dienen sollte: „Da dachte ich: Küche muß nicht sein, mach 'ne Werkstatt rein. ... Gegen Ende September bin ich hergekommen und am 2. Oktober haben wir schon geschliffen. Wir hatten damals keine Rohlinge, weil es in den ersten Jahren hier keine Glasfabrik gab. Mit dem Glas Kahl war ich schon im Kriege gut bekannt. Der hat mir die ganzen Bruchscheiben aufgehoben, die Autoscheiben, die haben wir dann geschliffen und abends haben wir dann Holzfüße drangeschnitzt und da wurden sie verkauft: eine Platte gegen eine Packung Amizigaretten. Geraucht habe ich keine. Das brauchten wir ja alles zum Aufbau.“

Daß Karl Neubert in Wiesbaden so schnell wieder einen Betrieb gründen konnte, lag auch daran, daß sein Gewerbe in der Stadt sehr erwünscht war. Glasschleifereien gab es vor Kriegsende in Hessen nicht, und somit machte er einheimischen Handwerkern keine Konkurrenz. Der Wiesbadener Kurier stellte seine Arbeit in einem großen Artikel im Januar 1950 vor: „Rohglas wird aus Limburg und aus den bayerischen Glashütten bezogen. Nach Überprüfung des Materials beginnt der Rohschliff mit Karborundum. Dann werden die Muster, die nach eigenen oder gegebenen Entwürfen hergestellt sind, mittels Pausen auf das Glas übertragen, worauf die Zeichnung mit Kunststeinen aller Größen in mehreren Arbeitsgängen eingeschliffen wird. Anschließend wird das Glas an schnell rotierenden Kork- und Pappelholzscheiben poliert. Für größere Stücke wie Vasen und Schalen werden Polierscheiben mit

Möglichkeiten zur Expansion. In den 50er Jahren ergaben sich große Absatzmöglichkeiten für die Firma Neubert. Ein Transporter eines Großversandhauses holt Teile der Produktion ab.

Schweinsborsten verwendet. Dann erfolgt das Putzen der fertigen Stücke, die schließlich zum Versand in Seidenpapier verpackt werden. Die Schleifarbeit wird von Hand ausgeführt und erfordert viel handwerkliches Können. Die Verlegung dieser alten Kunst an den Rhein bedeutet für Wiesbaden eine wertvolle Bereicherung seiner Export-Industrie; die feingeschliffenen Gläser sind im Ausland sehr begehrt.“

Insgesamt war die Lage der Flüchlinge am Wiesbadener Arbeitsmarkt viel günstiger als auf dem Lande. Während in ganz Hessen fast 20% von ihnen arbeitslos waren, waren es in der Stadt Wiesbaden weniger als 3%. Über 20% der Flüchtlinge fanden hier im öffentlichen Dienst Arbeitsplätze, deren Zahl sich gegenüber 1939 mehr als verdoppelt hatte. Besonders profitierten davon die Menschen aus den Gebieten jenseits von Oder und Neisse, die vor den Sudetendeutschen nach Wiesbaden gekommen waren und deren Ausbildung hier anerkannt wurde.

Spurenlose Eingliederung?

Wiesbadens größte Vertriebenensiedlung die Siedlung Kohlheck gilt heute als ein 'Schmuckstück auf der Höhe'. Fast alle Siedlungshäuser sind ausgebaut, nur noch ganz wenige im Rebhuhnweg sind in ihrer ursprünglichen Gestalt erhalten. Offenkundige soziale Probleme zeigen sich hier weniger als in anderen Stadtteilen. Auch im politischen Verhalten gibt es keine große Besonderheiten. Der 'Bund der Heimatvertriebenen und Entrechteten' errang hier zwar in den 50er und zu Beginn der 60er Jahre den höchsten Stimmanteil in Wiesbaden (bei der Landtagswahl 1954 z.B. 17%), doch gemessen am Anteil der Flüchtlinge an der Kohlhecker Bevölkerung, rund ein Drittel, war es kein überragender Erfolg. Vom BHE, der sich auflöste, als seine Wähler sich wirtschaftlich integriert fühlten, fanden viele zur CDU, vermutlich, weil sie versprach, das Erreichte zu sichern. Entbehrungen der Bewohner und geistig seelische Belastungen durch Vertreibung und Wiederaufbau sind heute hinter sichtbarem Wohlstand und der Sorge um dessen Erhalt verborgen. Wie diese Herausforderungen erlebt und verarbeitet wurden, ist unbekannt. Die Vertriebenen mochten darüber nicht sprechen, nachdem es ihnen wirtschaftlich wieder besser ging, und die Einheimischen wollten wohl auch nichts davon hören.

Für das Verständnis der Nachkriegsgeschichte, aber auch für die Lösung der gegenwärtigen Probleme bei der Aufnahme von Aussiedlern und Asylbewerbern kann es nur hilfreich sein, dieses verdrängte Kapitel deutscher Geschichte zu erforschen.

Fast 100 Menschen wohnten in diesen langgestreckten Baracken (1958)

Bernhard Parisius

Das lange Leben einer Barackensiedlung: Kostheim - Am Mainzer Weg

„HUNGER steht in klobigen Buchstaben aus roter Farbe an der Giebelfront einer der Baracken, die zur Kostheimer Siedlung gehören." Mit dieser alarmierenden Meldung beginnt eine Reportage im Wiesbadener Kurier aus dem Winter 1946/47. Und sie fährt fort: „Über 500 Menschen hausen, sagen wir treffender vegetieren in wenigen Flachbauhäusern, deren Zwischenwände jedes Wort, in der Behausung des Nachbarn gesprochen, verständlich machen. Die dünnen Preßstoffplatten der Außenwände sind am Zerfallen, viele Fenster sind ohne Glas oder Glasersatz, und hie und da hat man versucht, mit dünnen Decken der Kälte den Eintritt zu verwehren. Da treffen wir eine Frau mit zehn Kindern, die in einem Hasenstall, zwei Meter hoch und zehn Quadratmeter groß, haust. Hier gibt es nur ein Bett für drei Personen, die anderen schlafen auf der Erde, und das wenige Stroh, das sie besitzen, ist ihr jammervoller Komfort."

Die Elendsbaracken sind inzwischen verschwunden. Sie standen im Herzen Kostheims: Am Mainzer Weg. Heute befindet sich dort das Werksgelände der Firma Linde. Gebaut wurden sie im Ersten Weltkrieg als Lagerhallen für das Korpsbekleidungsamt. Sie dienten auch als Unterkünfte für Soldaten, die die Mainbrücke bewachten. Das geregelte großherzoglich-hessische Soldatenleben in den Baracken endete abrupt: Beim „Sturm uff's Ämtche" im Revolutionsmonat November des Jahres 1918 drangen Plünderer in die Hallen und ließen Pferdegeschirr, Monturen sowie alles andere Brauchbare mitgehen. Doch die Baracken standen nicht lange leer. Wieder zogen Soldaten ein, zuerst Algerier und später Marokkaner. Sie gehörten zu den französischen Besatzungstruppen, die laut Versailler Vertrag die linksrheinischen Gebiete des Deutschen Reiches sowie die auf dem rechten Rheinufer gelegenen Brückenköpfe bei Köln, Koblenz, Kehl und Mainz besetzt hielten.

Von einer Unterkunft für Ausgebombte zum „Schandfleck"

Seit dem Ende der französischen Besatzung 1930 wies das Mainzer Wohlfahrtsamt verarmte Familien in die Baracken ein. Nach dem Zweiten Weltkrieg waren die Baracken mit ausgebombten Familien völlig überbelegt. Es fehlte den Bewohnern in den ersten Nachkriegsjahren nicht nur an Nahrung und Wohnraum, sondern auch an Kleidung, besonders an Schuhen. Trotz aller Eingaben und Gesuche um Hilfeleistung wurde die Not immer größer. Der Leiter der Verwaltungsstelle Kostheim stellte im Januar 1947 fest: „Nicht nur Hunger und Kälte wird von der Bevölkerung erlitten, sondern auch Mißtrauen, Gleichgültigkeit bemächtigen sich immer mehr der notleidenden Arbeiterschaft." Mißtrauen und Gleichgültigkeit entstanden, weil versprochene Instandsetzungsarbeiten immer wieder verschoben wurden; Unterstützungen fielen geringer aus als erhofft. Die Skepsis der Bewohner scheint nicht unberechtigt gewesen zu sein, denn gut zwölf Jahre später, im Herbst 1959, wohnten hier immer noch 123 Familien mit 624 Personen auf engstem Raum.

Fünfzehn Jahre nach Kriegende hatte sich auch die Solidarität der Nachkriegsjahre verflüchtigt.

Ein Wiesbadener Stadtverordneter unkte: „Ich glaube, daß eher die Doppelstadt Mainz-Wiesbaden perfekt wird als dieser Schandfleck bereinigt ist.“ Die meisten Bewohner galten jetzt - so ein Bericht des Regierungspräsidiums Wiesbaden - als „sozial nicht zumutbare Familien“. Dieses Etikett grenzte sie aus dem Kreis der Anspruchsberechtigten für eine im Rahmen des sozialen Wohnungsbaus erstellte Wohnung aus. Nur wem der glaubhafte Nachweis gelang, daß er über längere Zeit eine Sozialmiete zahlen konnte, durfte sich Hoffnungen auf eine öffentlich geförderte Wohnung machen. Wer kein geregeltes Einkommen hatte, und das waren in den Baracken damals 70% der Bewohner, dem war schwer zu helfen. Ein erster Erfolg gelang den Behörden 1961: 30 ausgesuchte Familien erhielten eine Sozialwohnung, zwei Baracken wurden abgerissen. Ein Reporter meldete, daß „endlich eine Bresche in die hartnäckige Existenz der Barackensiedlung geschlagen werden“ konnte. Aus Angehörigen einer „notleidenden Arbeiterschaft“ in Elendsquartieren waren in den Augen der Mitbürger während des Wirtschaftswunders „sozial nicht zumutbare“ Menschen geworden; ihre Behausungen schienen unausrottbar wie eine Hydra..

Der Kampf der Kommunalpolitiker und Behörden gegen diese Hydra dauerte fast weitere zehn Jahre. Das Regierungspräsidium hatte die Wohnungsbaumittel für die ausgesuchten Familien nur unter der Auflage vergeben, daß die Stadt für die vollständige Auflösung des Barackenlagers sorgte. Doch das wurde immer schwieriger: die Mieten waren hier extrem niedrig und die damals für sozial schwache Familien gebauten Einfachstwohnungen nicht beliebt. Der zusätzliche Wohnkomfort, den sie boten, hob für viele den Verlust des im Barackenleben gewachsenen sozialen Beziehungsgeflechts nicht auf. Aber die expandierende Kostheimer Industrie hatte ein Auge auf das Gelände geworfen, und viele Kostheimer Bürger, die sich an diesem „Schandfleck“ in ihrer Umgebung störten, forderten den Abriß.

Alltagsleben in Notquartieren in Kostheim (1958). Durch den Flüchtlingszustrom war es auch vielen Einheimischen nicht möglich, geeignete Wohnungen zu finden.

Brutale Räumung

Die aus Mitteln des „Schandfleckbeseitigungsprogrammes“ des Landes finanzierte Umsiedlung der Bewohner verlief brutal. Im Sommer 1969 berichtete die Allgemeine Zeitung von unzumutbaren hygienischen Verhältnissen: Viele Barakkenbewohner hätten keinen Wasser- und Kanalisationsanschluß mehr, weil die Wohnbau Mainz unmittelbar nach dem Auszug einiger Familien deren Baracke hatte abreißen lassen, ohne Rücksicht darauf, daß dadurch Wasseranschluß und Kanalisation für die anderen Baracken zerstört wurden. Als im Jahre 1970 auch die letzten Bewohner in sogenannte Einfachstwohnungen auf dem Gelände „im Sampel“ umzogen, wurden die Baracken angesteckt. Sie brannten über eine Woche.

Das „Wirtschaftswunder“ und der gesellschaftliche Aufstieg der Arbeiterschaft hatten dazu geführt, daß die Barackenbewohner, ohne daß sie ihr Leben verändert hatten, ziemlich schnell die soziale Stufenleiter hinuntergerutscht waren. Das Barackenleben arbeitsloser Deutscher mitten in Kostheim paßte nicht zum Selbstverständnis einer modernen Industriegesellschaft.

Aus Wiesbadens glanzvoller Gründerzeit (Postkarte, um 1910)

Hartmann Wunderer

Feldherren und Tintenkleckser – Portrait eines Stadtteils

Geht man über den Bismarckring hinaus, so eröffnet sich ein Gewirr von Straßen, die allesamt den Ruhm und Schweiß preußischer Schlachten, Feldherren und Triumphe atmen: Blücher und Waterloo, Scharnhorst und Roon, Yorck und Gneisenau, und natürlich der Sedanplatz... An diesen glorreichen Geist erinnerte man sich gern in der Gründerzeit des Deutschen Reiches. Das demonstrative Selbstbewußtsein der Jahrhundertwende, geprägt von kulturimperialistischem Sendungsbewußtsein und massiver Aufrüstung, spiegeln auch die Häuserfronten der Straßenzüge, die damals entstanden. Der Blick hinter die Fassaden eröffnet indes auch andere Perspektiven.

Dem Betrachter präsentiert sich ein Teil des äußeren Westends, das gelegentlich auch als „Rheingau-“ und „Feldherrenviertel“ bezeichnet wird, als eindrucksvoller Stadtteil. Aufwendig gestaltete Fassaden, marmorverkleidete Treppenhäuser, reiche Stuckierung, zahlreiche Türmchen, Erker, Giebel, Balkons vermitteln die Aura großbürgerlichen Wohlstands; sie geben dem Viertel ein großstädtisches Flair - hier läßt es sich behaglich und repräsentativ wohnen und leben. Die Hinterhofbebauungen, die denkbar schmucklos ausfielen und zu denen oft nur ein unscheinbarer und vor allem niedrigerer Zugang führt, bleiben dem ersten Blick verborgen.

Bürgerstolz

Wie viele andere Städte in Deutschland hat auch Wiesbaden in den Jahrzehnten vor und um die Jahrhundertwende einen rasanten städtebaulichen Aufschwung erlebt. In den Jahren von 1860 bis 1914 wurden nicht nur das neue Rathaus, das neue Theater, das neue Kurhaus und der repräsentative Bahnhof errichtet, städtische Versorgungseinrichtungen wie Kanalisation, Wasserversorgung, Gas- und Elektrizitätssystem und ähnliche infrastrukturelle Innovationen eingeleitet, sondern auch Villenviertel gestaltet und zahlreiche Straßenzüge „hochgezogen“. Allein ein Blick auf die Bevölkerungsentwicklung signalisiert den Strukturwandel der Stadt: 1860 18.426 Einwohner, 1880 52.238 Einwohner, 1900 86.111 und 1910 bereits 109.000 Einwohner.
Allerdings weiß man bislang wenig darüber, woher diese Menschen kamen, welche Qualifikationen und Traditionen sie mitbrachten, welche Lebensformen sie bisher gewohnt waren und wie sie auf die ihnen doch recht fremde Großstadtsituation reagierten, welche Probleme und Konflikte sich für sie entwickelten und wie sie diese bewältigten.
Einiges über die Lebensbedingungen eines Teils der Zugewanderten verrät indes die Struktur des um die Jahrhundertwende entstandenen Westends. Wer konnte sich den Bau bzw. Kauf derartig aufwendig gestalteter, mehrstöckiger Wohnhäuser mit den dazugehörigen Hinterhofbebauungen eigentlich leisten?
Es waren, wie man den Adreßbüchern der Jahrhundertwende entnehmen kann, nicht einfach nur reiche Fabrikanten oder Kaufleute, die hier in Spekulationsobjekte investierten, sondern oft auch Handwerksleute. Diese legten, mit nur geringem Eigenkapital ausgestattet, beim Bau selbst Hand an, sparten sich so manchen Pfennig vom Munde ab, verzichteten - außer an hohen Feiertagen - auf „Luxusgüter“ wie Kaffee und Obst und verschuldeten sich im übrigen bei Hypothekenbanken auf Jahrzehnte. So mancher Hauseigentümer lebte damals in den lichtarmen Hinterhöfen

und ging dort mit wenigen Lehrlingen und Gesellen seinem Handwerk nach.

Durchgangsviertel

Das Westend war seit seiner Errichtung für einen Teil der Bewohner ein klassisches „Durchgangsviertel". In wohl kaum einem anderen Wiesbadener Stadtteil war und ist die Fluktuation der Wohnbevölkerung so hoch wie hier. Vor allem zwei Sozialgruppen waren es, die im Westend eine mehr oder minder kurzfristige Bleibe suchten. Dieser Stadtteil galt früher als „Tintenkleckserviertel", als Wohngegend also, in der sich besonders Angehörige des neuen Mittelstands einmieteten: Post- und Bahnbeamte, Lehrer, kaufmännische Angestellte, Gerichtsbedienstete u.ä. In den Mansarden und Hinterhäusern sammelte sich das aus dem ländlichen Umfeld zugereiste Proletariat, wenn ihm die Mieten erschwinglich waren. Beide Gruppen verstanden ihren Aufenthalt im Westend als Durchgangsstadium, in dem man so lange lebt, bis man selbst in der Lage ist, sich an der Peripherie oder in den sich ausdehnenden Vororten ein eigenes „kleines Heim" zu finanzieren.
Daneben gibt es noch eine andere, weniger mobile Population, die das Westend kennzeichnet: Ältere Menschen mit unterschiedlicher sozialer Herkunft sind besonders stark vertreten, zumal in den tristen Hinterhöfen. In manchen Straßenzügen stellten um 1970 die über 65jährigen einen Bevölkerungsanteil von 25% (Durchschnitt in der „Pensionärsstadt" Wiesbaden 18%, im Westend 20%).

Schmelztiegel

Seit den 60er Jahren wuchs der Anteil von Gastarbeitern im Westend kontinuierlich an. Neben der Gruppe der älteren Menschen stellen heute die Ausländer den größten Anteil der Wohnbevölkerung wie auch den, der hier am längsten wohnt. Lag der Ausländeranteil 1978 in der gesamten Stadt bei 10%, so betrug er im Westend mehr als 12%. Darüber hinaus läßt sich feststellen: Je höher die Wohndichte in einzelnen Straßengevierten, desto höher liegt auch der Anteil der Ausländer, in einigen Wohnblocks bis zu 25%.

Vorderansicht: Fassade eines Bürgerhauses (Goebenstraße 19) im Westend (1908)

Ein Schmelztiegel war dieses Viertel auch schon früher: „Die Kinder aus Mittelbau und Hinterhaus tummelten sich auffällig ungeniert, während wir aus den Vorderhäusern froh waren, wenn die anderen es uns nicht entgelten ließen, daß wir als feiner galten. Unserm Haus gegenüber lag Nummer 19, ein schier unerschöpflicher Brutkasten der menschlichen Spezies. Was aus den Hinterhöfen von Nummer 19 hervorquoll, faszinierte und erschreckte uns aus dem Vorderhaus gleichermaßen. So gar verschieden von dem, was in neapolitanischen Volksvierteln oder in Brooklyn sozial mit allen Implikationen anzutreffen ist, will mir dieses frühe Wiesbadener Sozialerlebnis im Rückblick nicht erscheinen. Die Perspektive aus der gesicherten Wohnung auf das Straßenleben unten war zwar ergiebiger, aber schwächend. Denn die explosive Kraft derer aus den Hinterhäusern war im Kampfgetümmel der Straße unserer Angst deutlich überlegen." So der Wiesbadener Karl Korn aus der Goebenstraße. Bereits zur Entstehungszeit des extrem dicht besiedelten Westends fiel ihm die soziale Isolation zumal der Erwachsenen auf. Sie wurde allenfalls durch die Kinder durchbrochen - freilich oft in einer die Eltern peinlich berührenden Weise. Der „Schmelztiegel" Westend schärfte das Bewußtsein für soziale Distanz gerade in einer Zeit, in der sich ein Obersekretär von einem Sekretär durch Welten getrennt fühlte.
Hieraus erklärt sich auch der geringe soziale Zusammenhalt und die geringe Kommunikation in diesem Stadtteil. Zudem übersteigt die Zahl der Auspendler bei weitem die der Einpendler. Die zahlreichen Kneipen sind kein Treffpunkt sozial und politisch gleichgesinnter Gruppen. Das Westend war und ist kein Ort sozialer Rebellion und Widerständigkeit; zu inhomogen und differenziert sind die Interessen, die hier versammelt sind. Das Elend der Hinterhöfe (noch 1968 waren in manchen Wohnblocks über 30% der Wohnungen ohne eigenes WC und Bad) hat sich bis heute nicht wirksam artikuliert.
Das optisch eindrucksvolle Erscheinungsbild des Westends hat schon immer die realen Klassenge-

Hinteransicht: Höfe in der Yorckstraße heute

gensätze verborgen und verschleiert, obgleich sich hier spezifische Probleme mehrerer sozialer Gruppen - der Ausländer, der Kinder und der Alten - besonders häufen. Nicht nur die Polizei kann ein Lied von der keineswegs nur latenten Ausländerfeindlichkeit in diesem Viertel singen.

Der Widerstand gegen schwierige Lebensbedingungen, extrem schlechte Luft, hohe Verkehrsbelastung, fehlende Entfaltungsmöglichkeiten für alte Menschen und Kinder hat bisher nur in individualisierter Form Ausdruck gefunden: So mancher, der es sich leisten kann, verläßt diesen Ort wieder.

Ein historisches Portrait, das die aktuelle Situation einbezieht, kann einige Vorzüge dieses Stadtteils nicht außer acht lassen: In den letzten Jahren hat sich der Anteil junger Erwachsener und Paare deutlich erhöht; attraktiv sind die Nähe zur Innenstadt wie zu den Erholungsgebieten am Stadtrand, gute Verkehrsanbindungen in alle Richtungen, die Nähe zur Fachhochschule. Im Zuge dieser Verjüngung konnten sich einige „alternative“ Läden und Zentren im Westend etablieren. Nicht unerwähnt bleiben darf, daß sich trotz steigender Dichte von Supermärkten einige Tante-Emma-Lädchen erhalten konnten, die neben den gelegentlichen Straßenfesten wichtige Orte stadtteilbezogener Kommunikation darstellen. Die vielfältigen Möglichkeiten, die eine Umgestaltung der Hinterhöfe im Interesse vor allem der Kinder bieten könnte, wurden indes noch kaum genutzt.

Soll man hoffen, daß die im Westend immer aktiver werdenden Immobilienspekulanten diese reizvolle Chance zuerst nutzen?

Hartmann Wunderer

Alltagsgeschichte - ein Versuch, sich den Menschen in ihren Zeiten anzunähern

Vielen Beiträgen dieses historischen Lese- und Bilderbuchs liegt eine Herangehensweise an die Geschichte zugrunde, die sich von der anderer historischer Untersuchungen unterscheidet. Diese Zugangsweise wird als „Alltagsgeschichte" bezeichnet.

Einem verbreiteten Mißverständnis zufolge befaßt sich die „Alltagsgeschichte" mit dem Leben der „kleinen Leute". Der Alltag scheint dann das Normale, Banale, das Langweilige, eben der Alltag zu sein. Und dieser ist natürlich grau und hart, unveränderlich und daher zumeist eine Sache der kleinen Leute, die in den herkömmlichen Geschichtswerken namenlos bleiben. Zahllose Genreskizzen, etwa von schwer arbeitenden Bauern, von kargen Existenzbedingungen der Handwerker und Arbeiter im 19. Jahrhundert, die in dürftigen Behausungen leben, vom Elend hungernder Kinder illustrieren ein solches „mitleidiges" Mißverständnis.

Tatsächlich haben solche Vorstellungen mit Alltagsgeschichte wenig zu tun. Alltagsgeschichte meint nicht eine Herangehensweise an historische Verhältnisse, die primär den großen ökonomischen und politischen Strukturen gilt. Im Mittelpunkt der Alltagsgeschichte stehen nicht die großen politischen Ereignisse, die repräsentativen Gebäude und prächtigen Fassaden, die eindrucksvollen Begebenheiten und Leistungen. Alltagsgeschichte richtet vielmehr den genauen Blick auf das Leben und Handeln der Menschen in ihren Verhältnissen.

Alltagshistoriker ordnen Personen nicht vorschnell in soziologische Schablonen ein. Sie nehmen die Menschen früherer historischer Verhältnisse nicht als manipulierte oder durch die sozialen Verhältnisse geprägte „Objekte" wahr, über die dann „geurteilt" wird und deren Verhalten als Ausdruck ihres zeitspezifischen „begrenzten Horizonts" begriffen und bewertet wird.

Alltagshistoriker versuchen vielmehr, die Menschen als „Subjekte" wahrzunehmen, sie gewissermaßen zu ihrem Recht kommen zu lassen. Im Mittelpunkt vieler unserer Skizzen stehen die Lebensverhältnisse, die Einstellungen, Fantasien, die Verhaltens- und Handlungsweisen der Menschen, ihr Verhältnis zueinander, zu ihrer Stadt, ihrem Wohnviertel, zur Natur, kurz: ihre soziale Praxis. Alltagsgeschichte untersucht, wie die Menschen selbst ihre Lebensverhältnisse wahrnahmen, über sie urteilten und wie sie sich in ihnen einrichteten oder sie zu verändern suchten. Alltagsgeschichte beschreibt und analysiert nicht nur den von Routine geprägten Arbeitsalltag und die Gewohnheiten, sondern auch den Sinn, den die Menschen ihrer Arbeit und ihrem Handeln gaben. Sie interessiert sich daher auch für die großen Feste und die kleinen Begebenheiten, allerdings aus einem anderen Blickwinkel: Sie fragt, wie die Menschen selbst die kleinen und großen sozialen Veränderungen deuteten und sich mit ihnen abfanden, sich in ihnen einrichteten oder sich dagegen zur Wehr setzten. Allerdings gibt es zwischen hilfloser oder bewußter Anpassung und aktivem Widerstand gegen ungerechte Verhältnisse eine breite „Grauzone" von Verhaltensmöglichkeiten, in der sich wohl die allermeisten Menschen bewegten. Gerade diese Grauzone will Alltagsgeschichte genauer ausloten.

In den kurzen Beiträgen dieses Bandes ist dies freilich nur ansatzweise möglich, sie stellen gewissermaßen erste Schritte dar, sie werfen kurze Blitzlichter auf historische Begebenheiten und Verhältnisse, die noch viel genauer ausgeleuchtet werden müssen. Alltagsgeschichte ist ein sehr aufwendiges Unterfangen, das viele Details mühsam zusammentragen und verknüpfen muß. Aber sicherlich wird dieser Zugang zur Geschichte den Menschen in ihren Zeiten eher gerecht als der Blick auf die glanzvollen und traurigen Ereignisse oder die prachtvollen Gebäude bzw. die Kriegszerstörungen in unserer Stadt.

Stadtgeschichtliche Daten - Wiesbaden im 19. und 20. Jahrhundert

1806	Reichsdeputationshauptschluß: Wiesbaden wird Hauptstadt des Herzogtums Nassau. Die nassauischen Herrscher beginnen, die Stadt zum europäischen Modekurort auszubauen.
1810	Alter Kursaal (Christian Zais) eröffnet
1814	Das Herzogtum Nassau erhält eine Verfassung
1817	Marktschule
	Stadtentwicklungsplan von Christian Zais: Historisches Fünfeck (Wilhelm-, Taunus-, Röder-, Schwalbacher-, Friedrich-, später Rheinstraße)
	Wiesbaden hat ca. 3800 Einwohner
1820-1848	Einwanderung armer Landbevölkerung aus ganz Nassau nach Wiesbaden
1826	Wiesbaden hat ca. 7000 Einwohner
1830	Höhepunkt im Domänenstreit zwischen Herzog und Parlament um die parlamentarische Kontrolle über die Landgüter des Herrscherhauses
1837/42	Stadtschloß
1840	Taunusbahn Frankfurt/M - Wiesbaden
4.3.1848	In Wiesbaden eine der ersten Massenaktionen in Deutschland innerhalb der Märzrevolution
1849	Erste katholische Kirche (Bonifatiuskirche)
1850	Brand der Mauritiuskirche
1856	Stadtentwicklungsplan von Carl Boos: im Norden und Osten aufgelockerte Villenviertel, im Westen und Süden enge Wohnbebauung. Die Villenviertel werden bevorzugter Wohnsitz von Rentiers aus ganz Deutschland
1862	Marktkirche geweiht
1866	Nassau wird von Preußen annektiert, Wiesbaden wird Sitz eines preußischen Regierungspräsidenten
1869	Einweihung der Synagoge am Michelsberg
1870-1915	Zahlreiche bedeutende Bauten (Casino-Gebäude, Villa Clementine, Bergkirche, Krankenanstalten an der Schwalbacher Straße, Theater, Ringkirche, Hauptbahnhof, Lutherkirche, Museum)
1873	Brotkrawall in der Innenstadt: Protestaktion ärmerer Bevölkerung gegen Teuerung
1875	Erste Pferdebahn (seit 1896 elektrische Straßenbahn)
1885	Typhus-Epidemie, daraufhin beschleunigter Ausbau einer neuen Schwemmkanalisation
1887	Neues Rathaus
1888	Nerobergbahn in Betrieb genommen
1894	Kaiser Wilhelm II. erstmals in Wiesbaden. Seine Besuche heben bis 1914 Wiesbadens Bedeutung als Kur- und Rentierstadt
1896	Die ersten „Maifestspiele“
1897	Land- und Amtsgericht fertiggestellt
Um 1900	Ringbebauung, in den Vierteln außerhalb der Ringe wird „soziale Mischung“ angestrebt
1905	Wiesbaden wird Großstadt (mehr als 100.000 Einwohner; ca. 200.000 Kurgäste)
1907	Neues Kurhaus
1909	Einweihung des „Landesdenkmals“ auf der Adolfshöhe
ab 1914	Wiesbaden verliert seine Bedeutung als „Weltkurstadt“. Verlust der Wirtschaftskraft, die auf der Kur und den Rentiers aufbaute
1918	Ein Arbeiter- und Soldatenrat übernimmt vollziehende Gewalt vom 9. November bis 18. Dezember
	13. Dezember Einmarsch der französischen Besatzungstruppen
1919/23	Separatistische Putschversuche
1925	Ablösung der französischen durch englische Truppen (bis 1930)

1926	Eingemeindung von Biebrich, Schierstein, Sonnenberg
1928	Weitere Eingemeindungen
1933	NSdAP erreicht im Stadtparlament 28 von 54 Sitzen
1932-1937	Reisinger- und Herbert-Anlagen entstehen
1934	Opelbad eröffnet
1938-1942	Zerstörung der Synagoge. Vertreibung und Ermordung der jüdischen Wiesbadenerinnen und Wiesbadener
1945	2./3. Februar: Schwerster Bombenangriff während des 2.Weltkriegs, Teile der Innenstadt und des Kurviertels und das Jagdschloß Platte werden zerstört
	28. März: Einmarsch amerikanischer Truppen
	12. Oktober: Wiesbaden wird hessische Landeshauptstadt
1946	200.000 Einwohner
1953/55	Bundeskriminalamt und Statistisches Bundesamt ziehen nach Wiesbaden
1957	„Rhein-Main-Halle“ als Kongreßzentrum
1964	ZDF errichtet Aufnahme- und Sendeeinrichtungen „Unter den Eichen“
1966 ff.	Großsiedlung Klarenthal
1967 ff.	Großsiedlung Schelmengraben
1970 ff.	Neues Kurviertel im Aukammtal/Bingert („DKD“)
1971	Grundsatzbeschluß zur Sanierung des Bergkirchenviertels. Rettung der „City-Ost“ vor Spekulanten
1976	Städtische Kliniken auf dem Freudenberg
1977	Eingemeindung von sechs östlichen Vororten
1981	Massendemonstration gegen die Startbahn-West in Wiesbaden
1990 ff.	Sukzessiver Abzug der amerikanischen Militärs und Zivilbediensteten

(aus: Gerhard Honekamp, Wolfgang Jung, Hartmann Wunderer (Hg.): Alltag zwischen Mächtigen und Müßiggängern. Historische Erkundungen in Wiesbaden und Umgebung, 2. Auflage, Wiesbaden-Erbenheim 1995, S. 12ff.)

Literaturhinweise

S. 6-8; „Lieber todt als so gequält" - Aus dem Tagebuch des Friedrich Ludwig Burk (Thomas Weichel)

Martina Bleymehl-Eiler: Wiesbaden 1690 bis 1866. Von der Nebenresidenz zur Haupt- und Residenzstadt, in: Kurt Andermann (Hg.): Residenzen. Aspekte hauptstädtischer Zentralität von der Frühen Neuzeit bis zum Ende der Monarchie, Sigmaringen 1992, S. 397-440.

Jochen Dollwet/Thomas Weichel (Bearb.): Das Tagebuch des Friedrich Ludwig Burk. Aufzeichnungen eines Wiesbadener Bürgers und Bauern 1806-1866 (Schriften des Stadtarchivs Wiesbaden Bd. 2), Wiesbaden 1993.

Thomas Weichel: Die Kur- und Verwaltungsstadt Wiesbaden 1790-1822, in: Lothar Gall (Hg.): Vom alten zum neuen Bürgertum. Die mitteleuropäische Stadt im Umbruch 1780-1820, München 1991, S. 317-356.

S. 9-11; Eine neue Stadt auf altem Boden. Christian Zais - Der Reformer des Wiesbadener Stadtbildes (Thomas Weichel)

Wolf-Heino Struck: Wiesbaden in der Goethezeit, Wiesbaden 1979.

Ders.: Wiesbaden im Biedermeier, Wiesbaden 1981.

Ders.: Christian Zais an seinen Sohn Wilhelm - Der Architekt des Klassizismus zu Wiesbaden in seiner Familie, in: Nassauische Annalen 92 (1981), S. 75ff.

S. 12-15; Das Jagdschloß Platte - Symbol bedrohter fürstlicher Autorität? (Edgar Brück und Hartmann Wunderer)

Jochen Dollwet/Thomas Weichel (Bearb.): Das Tagebuch des Friedrich Ludwig Burk. Aufzeichnungen eines Wiesbadener Bürgers und Bauern 1806-1866 (Schriften des Stadtarchivs Wiesbaden Bd. 2), Wiesbaden 1993.

Gabriele Fünfrock: Das Jagdschloß Platte bei Wiesbaden - eine archivalische Aufarbeitung, in: Kunst und Kultur am Mittelrhein. Festschrift für Fritz Arens zum 70. Geburtstag, Worms 1982, S. 152-172.

S. 16-18; Rebellion im Landtag - Wie Herzog Wilhelm sich einmal ganz furchtbar ärgerte (Volker Eichler)

Volker Eichler (Bearb.): Nassauische Parlamentsdebatten. Bd. 1: Restauration und Vormärz 1818-1847 (Veröffentlichungen der Historischen Kommission für Nassau Bd. 35), Wiesbaden 1985.

Walter Müller: Die Geschichte des Domänenstreits im Herzogtum Nassau 1806-1866, Langendreer 1929.

Michael Riesener: Die Politik der Herzöge von Nassau zur Sicherung von Besitz und Herrschaft (1806-1866). Teil II, in: Nassauische Annalen 103 (1992), S. 181-215.

S. 19-21; Rheingauer Maschinenstürmer - Von Halfnern, Treidlern und Schiffern in der 48er Revolution (Horst Dickel)

Bundesarchiv, Nebenstelle Frankfurt am Main, DB 58/135/152.

Hessisches Hauptstaatsarchiv Wiesbaden, 210/7283.

Ulrich Engelhardt (Hg.): Handwerker in der Industrialisierung, Stuttgart 1984.

Wolfram Siemann: Soziale Protestbewegungen in der deutschen Revolution von 1848/49. In: Helmut Reinalter (Hg.): Demokratische und soziale Protestbewegungen im Mitteleuropa 1815-1848/49, Frankfurt am Main 1986, S. 305-326.

Michael Wettengel: Die Revolution von 1848/49 im Rhein-Main-Raum. Politische Vereine und Revolutionsalltag im Großherzogtum Hessen, Herzogtum Nassau und in der Freien Stadt Frankfurt (Veröffentlichungen der Historischen Kommission für Nassau Bd. 49), Wiesbaden 1989.

S. 22-24; „Staatsfeinde" im 19. Jahrhundert: Wiesbadener Arbeiterbewegung und Freireligiöse Gemeinde (Hartmann Wunderer)

Archiv der Wiesbadener Freireligiösen Gemeinde: Unverzeichnete Archivalien.

Sylvia Paletschek: Frauen und Dissens. Frauen im Deutschkatholizismus und in den freien Gemeinden 1841-1852, Göttingen 1990.

Hartmann Wunderer: Arbeitervereine und Arbeiterparteien. Kultur- und Massenorganisationen in der Arbeiterbewegung (1890-1933), Frankfurt/M. 1980.

S. 25-27; Brot und Prügel - Die Wiesbadener Kinderbewahranstalt (Thomas Weichel)

Peter Blum: Staatliche Armenfürsorge im Herzogtum Nassau 1806-1866 (Veröffentlichungen der Historischen Kommission für Nassau Bd. 44), Wiesbaden 1987.

Ulrich Eisenbach: Zuchthäuser, Armenanstalten und Waisenhäuser in Nassau. Fürsorgewesen und Arbeitserziehung vom 17. bis zum Beginn des 19. Jahrhunderts (Veröffentlichungen der Historischen Kommission für Nassau Bd. 56), Wiesbaden 1994.

Heinrich Sabel: Die Kinder-Bewahr-Anstalt zu Wiesbaden, 1835-1887, Wiesbaden 1887.

S. 28-30; „Das Brod muß billiger werden!“ - Der Wiesbadener Brotkrawall 1873 (Horst Steffens)
Manfred Gailus: Kampf um das tägliche Brot. Anmerkungen zum Nahrungsmittelprotest im 19. Jahrhundert, in: Agnete von Specht (Hg.): Streik. Mythos und Realität, Berlin 1992, S. 103-111.

Lothar Machtan/René Ott: „Batzebier!“ Überlegungen zur sozialen Protestbewegung in den Jahren nach der Reichsgründung am Beispiel der süddeutschen Bierkrawalle vom Frühjahr 1873, in: Heinrich Volkmann/Jürgen Bergmann (Hg.): Sozialer Protest. Studien zu traditioneller Resistenz und kollektiver Gewalt in Deutschland vom Vormärz bis zur Reichsgründung, Opladen 1984, S. 128-166.

Horst Steffens: Der Wiesbadener Brotkrawall von 1873, in: Nassauische Annalen 100 (1989), S. 175-196.

S. 31-33; „Das ist doch nicht mein Genre?“ - Der alte Gustav Freytag in Wiesbaden (Wolfgang Jung)
Otto Arendt: Gustav Freytag über Kaiser Friedrich, Berlin 1889.

Gustav Freytag: Der Kronprinz und die deutsche Kaiserkrone. Erinnerungsblätter, Leipzig 1889.

- : Briefe an seine Gattin, Berlin 1912.

- : Briefe an Albrecht von Stosch. Herausgegeben von Hans F. Helmolt, Stuttgart/Berlin 1913.

Gustav Freytag und Herzog Ernst von Coburg im Briefwechsel 1853 bis 1893. Herausgegeben von Eduard Tempeltey, Leipzig 1904.

Gustav Willibald Freytag: Gustav Freytag in Wiesbaden, in: Gustav-Freytag-Blätter Heft 7 (1957), S. 1-23.

- : Freytags Bekanntenkreis in Wiesbaden, in: Gustav-Freytag-Blätter Heft 12 (1959), S. 41-46.

Fritz Kämpf: Gustav Freytag und das Kronprinzenpaar Friedrich Wilhelm, Berlin 1933.

S. 34-35; „Eine neue geistige Epoche“ - Heinrich Mann in der Kurstadt (Wolfgang Jung)
Willi Jasper: Der Bruder Heinrich Mann. Eine Biographie, Frankfurt 1994.

Marianne Krüll: Im Netz der Zauberer. Eine andere Geschichte der Familie Mann, Frankfurt 1993.

Gerhard Loose: Der junge Heinrich Mann, Frankfurt 1979.

Heinrich Mann: Briefe an Ludwig Ewers 1889-1913, Berlin/Weimar 1980.

Heinrich Mann 1871-1850. Werk und Leben in Dokumenten und Bildern, Berlin/Weimar 1977.

S. 39-41; Gegen „Schundlöhne“ und „Pesthöhlen“ - Streik der Bäckergesellen 1899 (Horst Steffens)
Lothar Machtan: Warum und wofür im 19. Jahrhundert gestreikt wurde, in: Agnete von Specht (Hg.): Streik. Realität und Mythos, Berlin 1992, S. 113-125.

Klaus Tenfelde/Heinrich Volkmann (Hg.): Streik. Zur Geschichte des Arbeitskampfes in Deutschland während der Industrialisierung, München 1981.

S. 42-44; Auf der Promenade der Rheinstraße (Burkhard Fuhs)
Burkhard Fuhs: Mondäne Orte einer vornehmen Gesellschaft. Kultur und Geschichte der Kurstädte 1700-1900, Hildesheim/Zürich/New York 1992.

Winfried Schüler: Das wilhelminische Wiesbaden. Modellstadt einer Freizeit- und Dienstleistungsgesellschaft?, in: Nassauische Annalen 99 (1988), S. 90-110

S. 45-48; „Der lieben, alten, guten Zeit“ - Kaspar Kögler und das „alte Wiesbaden“ (Wolfgang Jung)
Kaspar Kögler: Ludwig Knaus in seinen Beziehungen zu seiner Vaterstadt Wiesbaden, in: Mitteilungen des Vereins für Nassauische Altertumskunde und Geschichtsforschung 14 (1911), S. 103-112.

- : Gedichte, Wiesbaden 1913.

- : Geehrte Schriftleitung, in: Die Kunstschule 5 (1922), S. 189.

E. Liesegang: Kaspar Kögler in Wort und Bild, in: Nassauische Heimatblätter 17 (1914), S. 102-111.

Über Land und Meer, Jahrgang 18, Band 36 (1876), S. 732-734, S. 752, S. 762.

Die Wandmalereien im Rathskeller zu Wiesbaden. 124 Abbildungen nach den Originalzeichnungen von Kaspar Kögler und Heinrich Schlitt mit begleitendem Text, Wiesbaden 1892.

Woldemar Waldschmidt: Kaspar Kögler, in: Nassauische Lebensbilder. Band 3, Wiesbaden 1948, S. 236-242.

S. 49-52; Fritz Kalle - Sozialreform, „Weltpolitik“ und Unternehmerinteresse (Thomas Weichel)
Fritz Kalle: Kommunale Arbeiterfürsorge, Wiesbaden 1900.

Fritz Kalle/Hanns Borgmann: Die Wohlfahrtseinrichtungen Wiesbadens. 2. Aufl., Wiesbaden 1914.

Johannes Tews: Fritz Kalle. Sein Leben und Wirken für Volkserziehung und Volkswohl, Berlin 1916.

Thomas Weichel: „Wenn dann der Kaiser nicht mehr kommt ...“. Kommunalpolitik und Arbeiterbewegung in Wiesbaden 1890-1914 (Schriften des Stadtarchivs Wiesbaden Bd. 1), Wiesbaden 1991.

S. 53-54; Hoffnungen und Träume - Die Arbeiterkultur (Hartmann Wunderer)

Hartmann Wunderer: Arbeitervereine und Arbeiterparteien. Kultur- und Massenorganisationen in der Arbeiterbewegung (1890-1933), Frankfurt/M. 1980.

S. 55-58; Erinnerungen - Kindheiten im wilhelminischen Wiesbaden (Imbke Behnken)

Imbke Behnken/Manuela du Bois-Reymond/Jürgen Zinnecker: Stadtgeschichte als Kindheitsgeschichte. Lebensräume von Großstadtkindern in Deutschland und Holland um 1900, Opladen 1989.

Imbke Behnken (Hg.): Stadtgesellschaft und Kindheit im Prozeß der Zivilisation. Konfigurationen städtischer Lebensweise zu Beginn des 20. Jahrhunderts, Opladen 1990.

S. 59-61; Schlittschuhlauf und Kurkonzert - Der Kurgarten um 1910 (Burkhard Fuhs)

Burkhard Fuhs: Mondäne Orte einer vornehmen Gesellschaft. Kultur und Geschichte der Kurstädte 1700-1900, Hildesheim/Zürich/New York 1992.

S. 62-66; Waldbegegnungen - Sonntags ein Vergnügen ... (Burkhard Fuhs)

Karl Korn: Lange Lehrzeit. Ein deutsches Leben, München 1979.

S. 67-69; Braune Brühe - Die Quellen des gefärbten Rheinwassers bei Biebrich 1907 (Rolf Engelke)

Rolf Engelke: „Flußverunreinigung“. Problemwahrnehmung, Erklärungsversuche und Lösungsansätze am Beispiel der Mainverschmutzung,. in: Geschichte lernen, Heft 47 (1995), S. 45-49.

S. 70-71; „Utscheböbbes“, „Hawwera“ und „Kultebüttel“ oder Wie der Rheingau einmal richtig schwarz war (Horst Dickel)

Horst Dickel: „Die sind doch alle unheilbar“. Zwangssterilisation und Tötung der „Minderwertigen“ im Rheingau, 1934-1945. Materialien zum Unterricht, Heft 77 (Hessisches Institut für Bildungsplanung und Schulentwicklung), Wiesbaden 1988.

Reiner Pommerin: Sterilisierung der „Rheinlandbastarde“. Das Schicksal einer farbigen Minderheit 1918-1937, Düsseldorf 1979.

Leo Sternberg: Die Separatisten, Koblenz 1928.

S. 72-76; Die Erotik der Massenkultur: Kino - ein Vergnügen der „kleinen“ Leute in den 20er Jahren (Hartmann Wunderer)

Hartmann Wunderer: Neue Massenkultur und traditionelle Arbeiterkultur. Kino, Film und Filmpolitik in der Groß- und Filmstadt Wiesbaden während des Kaiserreichs und der Weimarer Republik, in: Nassauische Annalen 106 (1995), S. 205-215.

Nils Minkmar: Vom Totschlagen kostbarer Zeit. Der Gebrauch des Kinos in einer Industrieregion (1900-1914), in: Historische Anthropologie. Kultur, Gesellschaft, Alltag 1 (1993), Heft 3, S. 431-450.

Dagmar Kift (Hg.): Kirmes - Kneipe - Kino. Arbeiterkultur im Ruhrgebiet zwischen Kommerz und Kontrolle (1850-1914), Paderborn 1992.

Emilie Altenloh: Zur Soziologie des Kino. Die Kino-Unternehmung und die sozialen Schichten ihrer Besucher, Jena 1914.

S. 77-79; Biebrich - Ein Schwarzer Freitag im Roten Herbst des Jahres 1923 (Horst Dickel)

Ernst Jungmann: „Der blutige Freitag - 30.11.1923 - in Biebrich“, Material Jungmann, Hessisches Hauptstaatsarchiv Wiesbaden (HHStA WI) Bestand 1156.

Bericht Vogt, 4.12.1923, HHStA WI, 405-5289.

Otto E. Fink: Glanz und Elend Wiesbadens. Zeitgeschichte im Bild, Wiesbaden o.J.

S. 80-81; Billionen für die „Rheinische Republik“ - Gangster und Separatisten in der Zeit der französischen Besatzung (Thomas Weichel)

Heinz Gorrenz: Die Franzosenzeit in Nassau und in Frankfurt am Main 1918-1930, Frankfurt a.M. 1930.

H. Mordacq: Die deutsche Mentalität. 5 Jahre Befehlshaber am Rhein, Wiesbaden 1927.

S. 82-84; Ein „elendes Nest“ - Politik im „roten Dotzheim“ der 20er Jahre (Klaus Kopp)

Dotzheimer Zeitung, Jahrgänge 1900-1933.

Klaus Kopp: Das alte Dotzheim, Wiesbaden 1993, S. 100-104.

Ders.: 125 Jahre Sozialdemokratie in Dotzheim 1868-1993, Wiesbaden 1993.

S. 85-87; „Bringt Tucholsky zum Schweigen" - Schlagende Argumente auf der Wilhelmstraße (Lothar Bembenek und Horst Dickel)

Gerhard Müller: „Psychopath", „Deutschenhasser", „Landesverräter" in: Tucholsky Blätter, 3. Jg. Heft 1, 1992.

Weltbühne, 17. 12. 1929

Sammelbuch für Zeitungsausschnitte aller Art, Nachlaß Tucholsky, Schiller Archiv Marbach.

S. 92-94; Das „Dritte Reich" wird inszeniert. Eine Schule feiert die „Machtergreifung" (Hartmann Wunderer)

George L. Mosse: Die Nationalisierung der Massen. Politische Symbolik und Massenbewegungen von den Befreiungskriegen bis zum Dritten Reich, Frankfurt/M., Berlin, Wien 1976, S. 213-250.

S. 95-98; „Volksverräter!" - Kirchenkampf in Dotzheim (Volker Fabricius)

Volker Fabricius: „Ich untersage hiermit mit sofortiger Wirkung die Abhaltung jeglicher Gottesdienste in Dotzheim." Nationalsozialistischer Staat und evangelische Kirche im Kampf um die Kirche, Materialien zum Unterricht Heft 84 (Hessisches Institut für Bildungsplanung und Schulentwicklung), Wiesbaden 1988.

S. 99-102; Polacken", „Bolschewisten" - Zwangsarbeiter in Wiesbaden (Rolf Engelke)

Lothar Bembenek und Axel Ulrich: Widerstand und Verfolgung in Wiesbaden 1933-1945. Eine Dokumentation, Gießen 1990, S. 341-356.

Ulrich Herbert: Fremdarbeiter. Politik und Praxis des 'Ausländer-Einsatzes' in der Kriegswirtschaft des Dritten Reiches, Berlin/Bonn 1985.

Wolfgang Jakobmeyer: Vom Zwangsarbeiter zum heimatlosen Ausländer. Die Displaced Persons in Westdeutschland 1945-1961, Göttingen 1985.

Hans Pfahlmann: Fremdarbeiter und Kriegsgefangene in der deutschen Kriegswirtschaft 1939-1945, Darmstadt 1968.

S. 103-105; Kohlheck - Eine Flüchtlingssiedlung in der Kurstadt (Bernhard Parisius)

Rolf Messerschmidt: „Wenn wir nur nicht lästig fallen..." Aufnahme und Eingliederung der Flüchtlinge und Vertriebenen in Hessen (1945-1955). Frankfurt am Main 1991.

Bernhard Parisius: Vom Neubürger zum Mitbürger. Probleme bei der Aufnahme der Vertriebenen in Wiesbaden und Hessen nach 1945, in: Nassauische Annalen 101 (1990), S. 199-216.

Ders.: „Weder Almosenempfänger, noch ein neuer Typ des Ostarbeiters!" - Flüchtlinge und Vertriebene 1945-1955, in: Klaus Böhme und Walter Mühlhausen (Hg.): Hessische Streiflichter. Beiträge zum 50. Jahrestag des Landes Hessen, Frankfurt a.M. 1995, S. 357-369.

S. 106-107; Das lange Leben einer Barackensiedlung: Kostheim - Am Mainzer Weg (Bernhard Parisius)

Heike Glaser: Demokratischer Neubeginn in Wiesbaden. Aspekte des sozialen, wirtschaftlichen und politischen Wiederaufbaus nach 1945 (Schriften des Stadtarchivs Wiesbaden Bd. 4), Wiesbaden 1995, S. 146-173.

Herbert Müller-Werth: Geschichte der Kommunalpolitik der Stadt Wiesbaden. Unter besonderer Berücksichtigung der letzten 150 Jahre, Wiesbaden 1963, S. 204-219.

Jürgen Roth: Armut in der Bundesrepublik Deutschland, Frankfurt am Main 1974.

Bildnachweis

Akademie der Künste, Berlin (Heinrich Mann Archiv): 35;

Bildarchiv preußischer Kulturbesitz, Berlin: 87;

Edgar Brück, Wiesbaden: 38,111;

Dembach, Bilder aus Dotzheim 927-1911, Dotzheim 1912: 98;

Victor Envienvre, St. Hilaire du Harcourt/Manche: 102;

Evangelisches Zentralarchiv, Berlin: 97;

Freundeskreis der ehem. SAJ, Wiesbaden: 52,53,54;

75 Jahre Kalle, Wiesbaden 1938: 49;

Hessisches Hauptstaatsarchiv, Wiesbaden: 16,17,18,58,103,104,105;

Hessische Landesbibliothek, Wiesbaden: 28;

Stefan Menkel, Kassel: 110;

Museum für Technik und Arbeit, Mannheim: 73;

Museum Wiesbaden, Sammlung Nassauische Altertümer (SNA): 6,7,9,10,11,19,21,28,31,37,39,75;

Photo Rudolph, Wiesbaden: 74,76;

Pressephoto Herbst, Wiesbaden: 106,107;

H. Rahlson, Gesundheitspflege, Wiesbaden 1908: 51;

Sabel, Die Kinder-Bewahr-Anstalt zu Wiesbaden, 1835-1887, Wiesbaden 1887: 26;

Sammlung Imbke Behnken, Wiesbaden: 42,44,80,91,109;

Sammlung Lothar Bembenek, Wiesbaden: 85,86;

Sammlung Helga Biebricher, Wiesbaden: 15,59;

Sammlung Volker Fabricius, Taunusstein: 94,95,96,98;

Sammlung Walter Gemmerich, Wiesbaden: 40,41;62,63,64,65;

Sammlung Richard Häuser, Mainz: 70;

Sammlung Wolfgang Jung, Wiesbaden: 32,33,34,45,46,60,61,68,79;

Sammlung Klaus Kopp, Wiesbaden: 82,83,84;

Sammlung Rudolf Leitem, Wiesbaden: 57,88,89,90;

Sammlung Mück, Wiesbaden: 12;

Sammlung Ursula Paul, Wiesbaden: 77;

Sammlung Karl-Heinz Riesener, Biebrich: 66,69;

Sammlung Anne-Lies Schlinck, Wiesbaden: 55,56;

Sammlung Andreas Schmidt-von Rhein, Wiesbaden: 78;

Sammlung Thomas Weichel, Wiesbaden: 25,26,27,50,65,71,81;

Sammlung Hartmann Wunderer, Wiesbaden: 23,24,92,93;

Stadtarchiv Berlin: 30;

Stadtarchiv Wiesbaden: 8,13,29,99,100,101,108;

Wiesbadener Tagblatt Archiv, (Photo: Ursula Paul): 72.